インテリアデザインが生まれたとき

六〇年代のアートとデザインの衝突のなかで

鈴木紀慶

インテリアデザインが生まれたとき——六〇年代のアートとデザインの衝突のなかで

はじめに

一九六〇年代、日本は急激な経済発展を遂げ、高度経済成長の時代を突き進んでいた。百貨店などの大型商業施設、オフィスビル、ホテルと建築の規模がしだいに拡大していった。だが、《インテリア》あるいは《インテリアデザイン》という言葉は、まだ日本語に定着していなかった。環境芸術家の山口勝弘は、インテリアが生まれたときの状況を次のように述べている。

おそらく《建築》という言葉の中にそういう問題も含まれて一般に認識されていたわけです。ところが、それに対して《芸術》という言葉があって、芸術と建築という問題についての認識というのは六〇年代にあった。やがて、そこへ《インテリア》という言葉が入ってきたわけです。

これは、『インテリア』誌(一九八〇年一月号)での「インテリア・デザイン　六〇年代から八〇年代へ」と題された座談会の冒頭で、司会を務めた山口が、六〇年代を総括しての発言だった。このときの発言から、インテリアデザインは《建築》と《アート》のあいだ、それもアート寄りで生まれたのではないかと推測した。その後に出席者のインテリアデザイナーの倉俣史朗は次のように語っている。

ひとつの特徴としては、《インテリアデザイン》という言葉が、商業空間から入っていってそこへ定着したのが六〇年代の後半だったんじゃないかと思うんです。

それは倉俣がデビューした時期とも重なる。剣持勇から世代交代するかたちで倉俣史朗が六〇年代後半に登場してきた。日本のインテリアデザインの中心に彼らがいて、剣持と倉俣が日本のインテリアデザインの歴史を築いてきたといっても過言ではないだろう。

六〇年代は、アートとデザインがもっとも接近した時代だった。いや、交差した時代といったほうがいいだろう。それは、一九六〇年代前半の新しいアートの動向が、六〇年代の現代美術《アート》とインテリアデザインの関係を具体的に深めることになり、六〇年代にアートとデザインのあいだに新しい交流が起こった。

そして、六〇年代を象徴する、時代の転換点として大きな意味をもつ展覧会が、一九六六年の〈空間から環境へ〉展である。建築家、デザイナー、造形作家、作曲家など当時のもっとも先鋭な芸術家とデザイナーが集結して、銀座・松屋で展覧会を開き、また同時に草月会館の舞台でハプニングが行われた。《空間》という抽象的なものを対象としないで、人間をとりまく場としての《環境》をつくりだしていくという考え方で、形ある素材よりは、光や色とか動きとか目に見えない要素によって《環境》を再構成することを提案するものであった。さらに作り手の立場に観客を積極的に《参加》させて《環境》を演出することを強く意識させたのもこの時代であった。この展覧会に参加したほとんどのメンバーが、四年後の一九七〇年に開催された万国博覧会〈EXPO'70〉の企画、設計、演出などにかかわっている。

そして、《環境芸術》という言葉が生まれ、建築、展示、映像、演出、造形、音楽などさまざまな実験を実現する場となったのが万博であった。《テクノロジー》と《アート》の融合が、未来都市の幻想を生み出していた。

〈空間から環境へ〉展開催の翌年、倉俣史朗はクラブ〈カッサドール〉を発表している。これは、倉俣にとっての実質的なデビュー作といえる。現代美術家（当時画家）の高松次郎との共作で、倉俣は三三歳、高松は三一歳だった。実際の影と描かれた影が重なり、虚と実が交差するイリュージョナルな空間となっていた。《アート》と《インテリアデザイン》の競演、それは商業空間（店舗設計）を手がける人たちにとってはひとつの事件でもあり、バーという商業空間を《環境芸術》にかえた瞬間だった。その制作風景と完成した商業空間とともに、倉俣は『インテリア』誌に発表した。倉俣にとって、その制作過程そのものがハプニングであり、倉俣はプロデューサーであり、ある意味確信犯であった。

一九六〇年代後半から七〇年代にかけて、《デザイン》と《アート》の相互交流の場となったのがインテリア空間であった。その領域に入り込んできたのが、現代アートの影響を受けた建築家やインテリアデザイナー、建築家やインテリアデザイナーに協力した造形作家、そして山口のように作品の環境的展開として自らデザインを手がける造形作家もいた。

七〇年代はファッションの台頭があり、ブランディングという言葉はまだ生まれていなかった頃で、ブランドイメージをつくるうえで、ファッションにとってインテリアとのコラボレーションは必然だったといえる。インテリアデザインが建築の支配から逃れ、自立していく過程でファッションが後押しをしたともいえる。

一九八〇年代に入ると、杉本貴志のように、現代美術家の若林奮《いさむ》や川俣正らに依頼し、コラボレーシヨンするかたちでインテリアデザインを手がけ、《アート》と《デザイン》を融合させ、空間全体をひとつの作品と見立てたものも現れた。また、内田繁は〈ホテル イル・パラッツォ〉(一九八九)でアルド・ロッシとコラボレーションしたとき、彼の歴史観がそのまま建築に反映していたことを知り、内田自身もその後歴史を学び、日本の伝統文化とモダンデザインを融合させた「茶室」をデザインしている。さらに、二〇〇〇年代に入ると吉岡徳仁のように、一方でアーティストという肩書きをもち、企業とのコラボレーションで自分の世界を美術館で表現するデザイナーも登場してきた。

日本のインテリアデザインの通史[*]は先にまとめたが、これまでインテリアデザインとアートの領域の関連で記録を追ったものがなかった。戦後のアート史は《アンフォルメル》[*]から始まり、デザインとアートが交差し、アートが美術館や画廊から外に出て、《環境芸術》へと展開していったが、商業空間に取り込まれていったものもあった。六〇年代後半、アートと建築のあいだから、それもアート寄りで生まれてきたインテリアデザイン、デザイン側から戦後のアート史を見ることで、また違ったアート史が見えてくるのではないだろうか。

*『日本インテリアデザイン史』(内田繁=監修 鈴木紀慶・今村創平=共著、オーム社、二〇一三) 一九一〇年代(大正)から一九五〇年代(昭和)までを黎明期、戦後から一九九〇年代(平成)までを開花期と分け、インテリアデザインの誕生前から今日までの歴史を綴った初の通史。

*アンフォルメル(フランス語:Art informel、非定型の芸術)は、1940年代半ばから1950年代にかけてフランスを中心としたヨーロッパ各地に現れた、抽象絵画を中心とした美術の動向をあらわした言葉。

八頁 クラブ〈カッサドール〉 倉俣史朗+高松次郎 東京・新宿 1967

目次

解説

1945-1950年代　デザインという言葉がない時代

デザインの夜明け

一九四五年、日本人にとって忘れることのできない大きな節目——原爆と敗戦。どうにもやりきれない挫折感と快い空気のように身を包んでくれる解放感。占領軍のJeepに、デザインのプロトタイプが走っていると思いを寄せた。進駐してきた若いアメリカ女性たちが、プライドを両肩に背負って街を闊歩した時、手に持ったハンドバッグの漆の蝋色にも似た艶と鮮やかな色に驚きの眼をみはった。それは、全く初めてみるVinylという合成材料だった。そして間もなく蛍光灯が出始める。戦前、せいぜい15Wか20Wぐらいの明かりが家庭で使われていたことに比べれば、何という夜の明るさのちがいだったことか。[01]

渡辺力*が戦後の印象を語ったものだが、一九一一年生まれの渡辺は終戦当時三四歳、芝浦にあった東京高等学校木材工芸科を一九三六（昭和一一）年に卒業している。一九一二年生まれの剣持勇*は同校同科を一九三二（昭和七）年に、四年も早く卒業している。四年の差は大きく、渡辺のほうが年上だったが生涯剣持には頭が上がらなかったようだ。そのため、「近代デザイン」についての原稿を代筆させられたり、銀座のバーを剣持のもとで設計したと語っていた。渡辺は、任期は短かったが戦時

*渡辺力　1911-2013　代表作に〈ひもいす〉、服部セイコーの〈クロックシリーズ〉など。

*剣持勇　1912-1971　1932年商工省工芸指導所入所、1955年剣持勇デザイン研究所設立。代表作に〈ホテル・ニュージャパン〉、〈京王プラザホテル〉など。

中軍隊も経験している。その当時、上下関係が厳しく、剣持と渡辺はつねに上級生と下級生の関係にあり、また商工省の役人を二三年も務めた剣持は、一九五五（昭和三〇）年に独立して剣持勇デザイン研究所を設立するが、役人的な体質は抜けることがなかったのではないだろうか。

渡辺が木材工芸科にいた時代を次のように語っている。

> その時代は美術工芸の全盛時で、簡単に言えば作者の巧緻な技術に頼った床の間に飾るようなものが殆どでした。第一、デザインなどという言葉が存在せず、工芸しかなかったのです。そういう生活の実態から離れたことへのアンチテーゼとして柳宗悦の民芸があったわけですが、これも工芸でくくられてしまいました。工芸というのは美しい言葉だと思いますが、しかしたいへん曖昧な内容です。私は美術工芸でもなく、民芸でもないものを求めて芝浦に入ったのでした。私は敢えて生産工芸などという言葉を作っていました。[02]

デザインという言葉が使われる以前は、グラフィックは「商業美術」であって、一九〇二、三（明治三五、六）年までさかのぼると、岡田三郎助の元禄美人のポスターにたどりつく。その当時、ポスターといえば美人を描くことが常套で、イラストレーターという言葉はなく、彼らは純粋美術家と呼ばれた。同時期の純粋美術家に、橋口五葉、杉浦非水、北連蔵、平岡平八郎、北野恒富といった人たちがいた。戦時下では「産業美術」という言葉が使われ、後に産業デザインにかわる。「毎日デザイン賞」も、一九七五年までは「毎日産業デザイン賞」という名称で、デザインの前に「産業」という言葉が付いていた。

渡辺が指摘するように、「工芸」という言葉の意味は曖昧で、人間国宝と呼ばれる高い技術をもった人がつくる作品から、デザインという意味も含まれていた。その当時、デザインという言葉は一般的に用いられず、その言葉にかわる言葉は「図案」であり、デザイナーは図案家と称された。

図案科の創設は上野の東京美術学校（現・東京芸術大学美術学部）が一八九六（明治二九）年、京都高等工芸学校（現・京都工芸繊維大学）が一九〇三（明治三六）年、また工業図案科は蔵前にあった東京高等工業学校（現・東京工業大学）が一九〇一（明治三四）年に設立された。ところが、一九一四（大正三）年にこの工業図案科が廃止され、それを継承するかたちで設立されたのが芝浦にあった一九二一（大正一〇）年創立の東京高等工芸学校（現・千葉大学）である。そこでは工芸図案科という名称になり、同時に木材工芸科も新設されている。この木材工芸科を後に卒業するのが、剣持と渡辺である。

高等学校は、納富《のうとみ》介次郎が明治二〇年に、工芸の伝統の地、金沢市に石川県工業高校（現在・県立工芸高等学校）を創設、納富はその後も明治二七年に富山県高岡市、明治三一年に香川県高松市にそれぞれ同種の学校を創立している。そして、明治四〇年に東京府立工芸学校（現・東京都立工芸高等学校）が創立される。その木材科を一九五〇（昭和二五）年に卒業したのが、倉俣史朗である。

この本の主役が出揃ったので、剣持勇が戦時中商工省工芸指導所にいて、木製飛行機の研究を行ったあたりから話を進めたい。

一九四二（昭和一七）年頃、満州に不時着した無疵《むきず》のソ連機「ラグ3」が陸軍航空技術研究所に持ち込まれた。「これはオール木製戦闘機で当時我国の木材利用技術の最高水準を遥かに上回るものだった[03]」と剣持は語っていた。その当時の成型合板の技術もさることながら、常温硬化の石炭酸系合成樹脂接着剤を実用化していたことにも驚嘆したという。剣持がいた商工省はその後軍需省にかわり、この戦闘機を手本にして、木製飛行機の設計・生産が企てられる。それは、すでに戦局が日本に不利に傾き始めた一九四三（昭和一八）年で、剣持勇と山脇巌*らは工芸指導所から出向というかたちで、その研究にあたる。全国の約四〇の木工工場が、強制的に木製飛行機の部品製作を命じられた。不幸な時代ではあったが、その状況のなかで剣持が、木材の曲面成型、合成樹脂など、戦後の家具デザインの展開に不可欠となったさまざまな技術を身につけたことは幸運だったというほかない。

その頃、アメリカではチャールズ・イームズ*も海軍の依頼で負傷した兵士のため

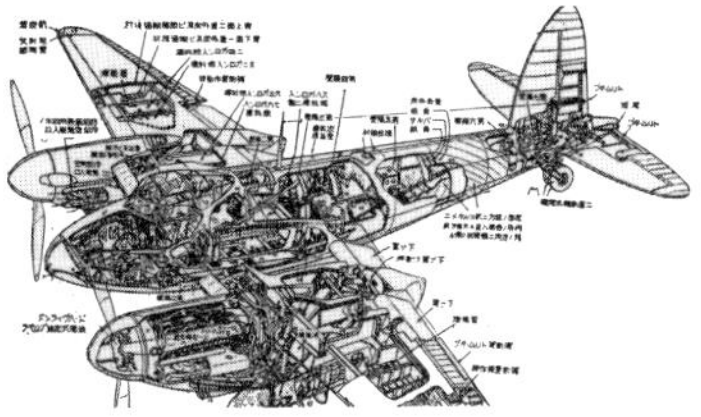

木製飛行機　モスキート透視図

*山脇巌　1898-1987　1930年夫人道子とバウハウスに留学。建築家。代表作に三岸好太郎アトリエなど。

*チャールズ・イームズ　1907-1978　妻のレイ・イームズとともにプロダクト、家具、建築と幅広く活躍。代表作に。椅子〈LCW〉、〈イームズ邸〉など。

の成型合板による添え木の研究を進め、その技術が戦後の彼の家具デザインなどの仕事に役立つのだが、剣持とイームズは研究していたものは異なるが、成型合板や接着技術などそのときの研究が後々の自分の作品に活かされている。剣持が一九五二（昭和二七）年に渡米したときにイームズ夫妻に会っているが、戦時中の成型合板の研究で意気投合し、話に花が咲いたのではないだろうか。

日比谷の CIE ライブラリー

終戦の翌年、渡辺力は日比谷に完成した進駐軍の CIE ライブラリー（後のアメリカ文化センター）に辞書と弁当を持って通っていた。また、同時期に山口勝弘*も足繁く通ったひとりである。戦時中は海外の情報が途絶えていたこともあり、海外の雑誌を見ることができたことが、建築・デザインや美術を志すものにとって何よりも刺激になったことは間違いない。

その少しあとに、早稲田大学第一理工学部建築学科の学生だった岩淵活輝*も足繁く通っている。「イタリアの建築雑誌を初めて見たときの感動、それは個別の作品、

＊山口勝弘　1928-　環境芸術家。1951 年実験工房の結成に参加。代表作に〈ヴィトリーヌ〉など。

＊岩淵活輝　1930-2006　建築家。代表作にクラブ〈ラ・カルタ〉、モダンジャズ＆ブース〈ダグ〉など。

建築家にということではなく、総体としての脅威、カルチャーショックだった」[04]と語っている。そして、一九五六（昭和三一）年に二六歳で念願のイタリアへ渡る。当時、渡航すること自体難しい時代に何とかイタリアへ到着したが何の当てもなかったという。だが、ミラノで巡り会った人たちのはからいで、当時ジオ・ポンティ*の事務所は入所希望者のウエイティングリストが満杯だったにもかかわらず入ることができ、またその後にフランコ・アルビーニ*の事務所でも働くという貴重な体験をして、一九六一（昭和三六）年に帰国する。

CIEはCivil Information and Educational Section（民間情報教育局）の略称。GHQ/SCAP（連合国総司令部）の部局のひとつ。一九四六（昭和二一）年に日比谷に誕生したCIEライブラリーを皮切りに、日本各地二三カ所に設置された。一九五二（昭和二七）年に日本と連合国軍との平和条約（サンフランシスコ講和条約）調印、一九五四（昭和二九）年の発効によって日本での占領が集結したことで、CIEライブラリーは閉鎖され、一三の都市ではアメリカ文化センターになったが、図書館としての基本的な利用内容はかわらなかった。その後は閉鎖されるところもあったが、大学の図書館や公共図書館が資料を継承したところもあった。CIEライブラリーは戦後多くの人が利用していた。日比谷の一日あたりの利用者は一二〇〇人以上で、地方でも四〇〇人から五〇〇人程度であったという。松山CIEライブラリーは大江健三郎、広島CIEライブラリーは榮久庵憲司*といった人たちもその

*ジオ・ポンティ　1891-1979　建築家。雑誌『ドムス』創刊、初代編集長。代表作に椅子〈スーパーレジェーラ〉、〈ピレッリビル〉など。

*フランコ・アルビーニ　1905-1977　建築家。代表作にソファ〈フィオレンツァ〉。雑誌『カサベラ』の編集長を務める。

*榮久庵憲司　1929-2015　インダストリアルデザイナー。GKを設立。メタボリズムに参加。代表作にキッコーマンの〈醤油差し〉など。

当時利用していた。

　情報量が極端に少ない時代にあって、海外の情報を入手できることがどれだけ貴重なことであったか、渡辺力、山口勝弘、榮久庵憲司、岩淵活輝といったインテリア、アート、工業デザイン、建築を志す者にとっては戦後間もない（日本はまだ物資が不足し、食糧難に喘いでいた）ときにCIEライブラリーで海外の雑誌から受けた刺激は並大抵のものではなかっただろう。岩淵はカルチャーショックを受けたというが、日本が鎖国状態にあって幕末に西欧文化を目の当たりにしたような状況だったのではないだろうか。

造形芸術と音楽、詩の世界を結びつけた実験工房

　一九五一（昭和二六）年、実験工房は読売新聞社主催の〈ピカソ〉展前夜祭「ピカソ祭」のためのバレエ公演「生きる悦び」の演出・構成を委嘱されたことを機に、北代省三*（美術）、福島秀子（美術）、山口勝弘（美術）、秋山邦晴*（音楽批評）、鈴木博義（音楽）、武満徹*（音楽）、福島和夫（音楽）、山崎英夫（技術担当）らが中

＊北代省三　1921-2001
美術家、写真家。
＊秋山邦晴　1929-1996
音楽評論家、詩人、作曲家。

心になって発足したグループだった。名付け親で、詩人・批評家の瀧口修造*は、「戦後の今日、あらゆる領域で、実験的な運動が起こってよいと思います。実験工房はこの意味で謙虚に仕事で結びついた二〇代の青年芸術家の集まりです。しかもそこでは音楽や造形芸術や詩の世界が図らずも結びついていることは実に貴い芽生えと信じています[05]。」と語っている。

メタボリストたちが、一九六〇年の東京での世界デザイン会議を前にして、活動を開始する少し前、当時の日本はアーティストや作曲家、演劇関係者、写真家、作家らが集まっていろいろなグループをつくっていた。そのひとつが実験工房で、リーダー格だった瀧口修造について、磯崎新*は次のように語っている。

> 例えば、ブルトンやデュシャンと同世代で友人でもあった、美術評論家の瀧口修造を中心にグループができていた。僕にとって瀧口こそが真のモダン・アーティストであり、モダン・アーキテクトであり、いわば師匠《グル》でした。小野洋子をはじめとする多数のアーティストや武満徹などの作曲家たちも、彼に対して僕と同じ気持ちをもっていたと思うな[06]。

実験工房がグループとして活動したのは一九五七（昭和三二）年までの七年間あまりで、その間に芸術の総合を目指す、美術、音楽、バレエ、映画などの発表会が

*武満徹　1930-1996　作曲家。代表作に「ノヴェンバー・ステップス」など。

*瀧口修造　1903-1979　美術評論家、詩人、画家。マルセル・デュシャンやアンドレ・ブルトンを始めとする海外の作家とも交流をもち、戦後の日本美術に影響を与える。

*磯崎新　1931-　ネオ・ダダで活躍した吉村益信と親交がある。メタボリストたちとは一線を画す。日本を代表する国際的な建築家。

行われた。創作劇は、美術、音楽、照明、コスチュームと、かつてバウハウスで上演された実験的な演劇を彷彿とさせるものだった。実験工房のメンバーは、五七年以降は個として活動していき、山口や武満などが大阪万博に参加し、実験工房で培った前衛的な活動をさらに展開していった。

　そのあとに続くのが、一九五四（昭和二九）年に活動を開始した関西の「具体」である。リーダーの*吉原治良《よしはらじろう》を中心に集まったダダ系のアーティスト集団で、嶋本昭三、白髪一雄、田中敦子、村上三郎、金山明という人たちが、吉原の「ひとの真似をするな」という指導のもと、それぞれが独自の活動をしていた。倉俣史朗は、「具体」の展覧会を見ている。その印象を、次のように語っている。

　一九五五年、桑沢デザイン研究所リビングデザイン科入学、当時、塾的な雰囲気の桑沢での得たものは多く、デザインエージへの胎動を感じた。この年、小原会館での具体美術の展覧会は衝撃的な出来事であり、現在に繋がる思索へのエポックである。[07]

　話は前後するが、倉俣は一四歳のときに疎開先から東京に戻ってくる。その様子を次のように書いている。

＊吉原治良　1905-1972
画家、実業家。吉原製油社長。具体美術協会の創設者。

一九四八年、東京に戻る。家の焼跡にゆく。明るい陽差しを受けた瓦礫の山は時間を止めたように静かに映った。終焉か、始まるのか息を止めたような空間に意外と感傷はなかった。第二の原風景でもある。小松崎茂・南洋一郎・山川惣治・川上・青田・千葉・ワイズミュラー・ローレンバコール・エノケン・手製のグローブ・グリコーゲン・買出し・鉛管掘り・わけのわからぬままの乱読・生意気だけでゆくアンデパンダン展*・ETC. GHQの前に並ぶ米車のスケッチでスチュードベーカーに驚嘆。山川惣治にさし絵画家になろうと相談。才能なしと、優しくさとされる。ホンダのカブの赤いタンクが実に新鮮に見え、「デザイン」を意識した最初かもしれない。この焼跡での中学三年間は実に種々に雑多なものを体験したが、これ等はサツマ芋よりも空腹を満たしてくれた。[08]

一九四九（昭和二四）年、上野の東京都美術館で開催された第一回読売新聞社主催〈日本アンデパンダン〉展に、当時中学生だった倉俣史朗は行っている。「生意気だけでゆく」といっているが、〈アンデパンダン〉展の独特の空気を感じとったのではないだろうか。そして、一九五五（昭和三〇）年、桑沢デザイン研究所在学中に見た「具体」の展覧会、そこで倉俣は何を見たのかというと「唐紙をズラッとならべておいて、そこを人間が駆けぬけてやぶっていくとか、大きな乳白色のビニールを貼って、そこに水をためて上からスポットをあてて床に水紋を映しだす。

＊〈アンデパンダン〉展　1949年に開催された第一回日本アンデパンダン展。読売新聞社の主催で行われた無審査出品制の美術展覧会。

ホンダ原動機付自転車A型　1947年

それがまた綺麗で、ガンとぶん殴られたようなショックでした。[09]」と後に語っている。倉俣が見たのは、村上三郎の「紙やぶり（通過）―ハトロン紙を袋貼りにした二〇〇号大および五〇〇号大の枠八つをならべてそこを一気に突き抜ける行為」と本永定正の「水―水をいれたビニール袋を天井から吊した作品」だった。

この展覧会で強い衝撃を受け、「その後シュールレアリズムに興味を持ったりしまして、その延長線上で高松次郎*、横尾忠則*との仕事があったのだと思います。ただ、依然としてアートに額縁があり、画廊があるわけで、そこからアートをもっと街の中へ、身近にひきずり出そうという意識と目論見はかなりありました。[10]」とも語っている。

〈アンデパンダン〉展は、誰もが出展できた展覧会であり、中学生の倉俣が見てもわからなかったと思うが、そこに行くことに意義があり大人になったような気がしたのだろう。また、ホンダのカブの赤いタンクは、自転車にエンジンをむりやり取り付けたような乗り物だったが、それを見たときに「デザイン」を初めて意識したという。倉俣は、本田宗一郎が心血を注いで開発した原動機付自転車に感化されたのだろうが、ホンダとソニーは八〇年代に世界的な企業になる。倉俣もその時代に世界デビューを果たす。本田宗一郎と倉俣史朗にはどこか共通点があるように思うのだが、それは時代の先端をつねにトップランナーで走り続けたということだろ

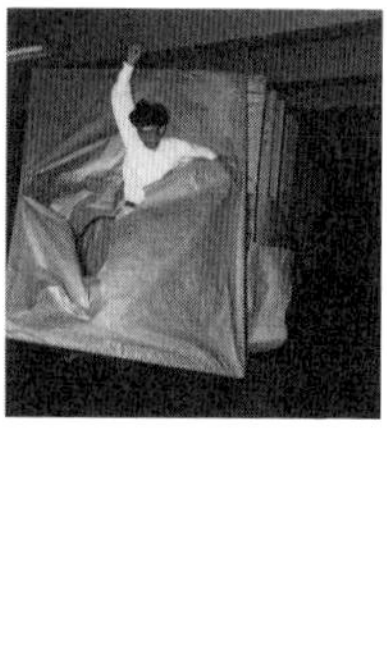
通過　村上三郎　1956

*高松次郎　1936-1998　現代美術家。1963年高松は赤瀬川原平、中西夏之と「ハイレッド・センター」を結成して、前衛的な活動を行う。

*横尾忠則　1936-　イラストレーター、グラフィックデザイナーとして活躍した後、画家宣言をする。

カリオカビルディング　倉俣史朗　1971

うか。このタンクの赤は少しくすんだ色だったが、倉俣にとっては衝撃的な色であったと回想している。一九七一（昭和四六）年に設計した銀座の〈カリオカビルディング〉の外壁の色に使っている。

「間」から「空間」へ

デザインという言葉は、現在世界共通語になっている。デザインには、かつて装飾模様という意味が備わっていたが、フランスの一九世紀（エコール・デ・ボザール[*]の全盛期）、美術と建築が同レベルであった時代、デザインには含まれていた装飾模様という意味がしだいに切り離され、現在は多くの人がデザインとデコレーションを意識して使い分けるようになった。ここが重要で、「インテリアデザイン」がまだどういうものか、理解されていなかった一九六〇年代前半の日本において、「インテリアデザイン論争」が起こった。その内容については後述するが、その論点がデザインという意味の捉え方にあった。それは今日においても「インテリアデザイン」の捉え方が多少異なるが、その当時はデコレーション寄りだと考える人が

*エコール・デ・ボザール
17世紀パリに設立されたフランスの美術学校。350年以上にわたる歴史があり、建築、絵画、彫刻の分野に芸術家を多く輩出した。伝統的、古典主義的な理想化された様式を徹底的に踏襲させていく教育システム。1968年に解体される。

多く、誤解を招き、モダニズムを志向する建築家たちは「インテリアデザインは不要だ」と判断したのだろう。
インテリアデザインとは何かを考える前に、日本には「間」という独自の概念がある。このあたりから考えてみたい。

日本には内と外、表と裏、陰と陽といった二元論はあったが、インテリアとエクステリアというように空間を二つに分けるとその境界は曖昧で、縁側・広縁のような内と外の中間領域、グレーゾーン（インタースペース）が存在する。内と外が連続し、内部から外部への眺望が重要で、内部からの風景をつくる造園（ランドスケープデザイン）に重点をおいていたように思われる。たとえば、桂離宮が庭を介して月を見る装置だった。また、日本の伝統建築は夏を旨としてつくられていたので、西洋の石造りの建築に比べ、日本の伝統建築は柱で屋根を支えていたため、壁が極端に少なかった。法隆寺においても、中門があり回廊がめぐらされ、その内部に金堂と五重塔が建っている。かつて見学するのは中門から仰ぐのが正しく、回廊をめぐるのがせいぜいだったようだ。それは内部の敷地が聖域であり、また五重塔の内部は人が入る空間ではなくインテリアは存在しなかった。回廊の内側の敷地がすでにインテリアで、五重塔はインテリアオブジェだったのではないだろうか。公家や武士の階級社会では、主人が屋敷のなかにいて家来が地面にひれ伏して忠義を誓い、

紫宸殿（京都御所）北庇・広縁

大岡越前の罪人を裁く場でもあった。内と外が連続した空間でありながら、床の材質、高さの違いなどでそこでの起《た》ち居振る舞い方の違い、つまり場をわきまえ、また身分の違いによって、座る位置などでヒエラルキーの違いを表現していた。中庭をインテリアとして見る習慣はかなり古く、奈良時代以前からあったと思われる。

土間の中央で薪を燃やした縄文時代の竪穴住居には天井がなかった。茅葺《かやぶ》きの屋根は換気の役割を果たし、竪穴住居の延長線上にある東北地方の古民家には土間が多く見られる。囲炉裏がある空間には天井はなく、その煙が茅をいぶし、小動物や虫、黴などによる被害を防いでいた。当初の民家には天井はなく、屋根の下のがらんとした一室空間を襖や板戸などで仕切って使っていた。平安時代の中頃までは*御簾や*壁代などで仕切っていたが、「源氏物語絵巻」や「枕草子絵詞」などに引き違いの襖障子が描かれていたことから、屋内を独立した部屋に仕切れるようになっていたことがわかる。だが、それ以前は、ガランとした空間を屏風や衝立《ついたて》などで仕切り、生活シーンに合わせて仕切りを移動して暮らしていたようだ。つまり、ものとものとのあいだの領域、すなわち「間」であり、空間全体が襖だけで仕切られ、連続した間取りを「続き間」、家族が集まる団欒の場を「茶の間」と呼んだ。この「間」は空間だけでなく、時間も意味する。それについては、白川静が『字訓』に次のように記している。

*御簾（みす） 竹や葦などで編んだ簾（す）を垂らして用いてきた。御簾は簾の四周に縁を付けたもの。

*壁代（かべしろ） 布を数条縫い合わせて垂れ下げたもの。いずれも、天皇や貴族の住居のなかで仕切りとして使われてきた。

「間《ま》」とは、ものとものとの間の空間。もとその中心となるところをいう。場所的なものを意味する語であるが、時間的な間隔についてもいう。時間をいう語としては、「とき」が特定の時間を指示するのに対して、「ま」がその経過的な時間を含めていう。類義語の「ひま」にも、場所と時間との両義があるが、のちに主として時間をいう語となった。

西欧のような床・壁・天井で囲まれた部屋というものではなく、ガランとしたひとつながりの空間を襖・障子などで仕切って使い、冠婚葬祭などにすぐに対応できるフレキシブルな装置で、それは「空間」というよりは「間」であり、個室というようなプライバシーを守るドアに鍵がかかる空間が誕生するのは一九二五（大正一四）年の同潤会アパート以降ではないかと思われる。最初の公団の間取りは2DK（一九五一年の「51C型」*）で二部屋あったが、襖で仕切られていた。しかし、関東大震災後の大正末期から昭和初期にかけて建てられた鉄筋コンクリート造の同潤会アパートは単身者向けの個室もあり、一般庶民が住むには縁遠かったが、初めてドアに鍵のかかる部屋が日本にも誕生し、それによって密室殺人などを題材にした探偵小説が生まれる背景が整ったともいえる。

室内を意識させるものとして日本には「茶室」があり、それは日常から切り離された孤立した「間」であり、「茶室」の「室」は、インテリアを意識したものであ

＊51C型　1951年に公営住宅の標準設計として考案された、2DKの原形となったプラン。

利休の草庵茶室（二畳台目の茶室）、曼殊院八窓院

り、また数寄屋大工が手がける内装の仕事からもそれが外部と切り離された「異空間」であることがわかる。「茶室」には、茶の湯という形式、書、絵画、生け花など日本の伝統芸能が備わり、約束事のティーセレモニーの時間のなかで、招いた者と招かれた者が交流し、道具や掛け軸、花などを鑑賞する。ある意味参加・体験型のパフォーミングアートであり、それは現代にも引き継がれている。

インテリアは人をもてなすためのしつらいで、そこでの時間を楽しむということであれば、すでに茶の湯が誕生した室町時代に、西欧のインテリアとは別に存在し、内装から茶器や花瓶、そこで使われる道具類にいたるまでデザインされ、客をもてなす亭主は工芸や美術、建築、また権力の象徴ともいえる唐物などにも造詣が深くなければならなかった。当時の文化人のサロンであったが、亭主が場を仕切り、武士も商人もここでは階級社会から逸脱した非日常の世界を体験できた。空間というよりは時間を旅するような装置で、内面的世界と宇宙空間がつながり、「脱日常的空間」から「超日常的空間」へとトリップする瞬間が「茶室」にはあるのではないだろうか。

「インテリア」あるいは「空間」の発見

「間」とはものとものとの間の空間で、同時に時間的な間隔をも意味する。では、「空間」とは何か。川添登は「環境空間論1――インテリアデザインのために」（『インテリア』一九六二年五月号）で「人間が、はっきりと精神的なものを意識し、洋の東西を問わず、人類が最初にはっきりと意識した〈空間〉は、おそらく聖域ではなかったかと思う」と述べている。そして、栗田勇も同誌の同じ号で、「インテリアデザインの意味するもの――空間の造形」で次のように述べている。

> 日本最初の独創的美学者中井正一*氏の空間論にしたがえば、エジプトの造型意識は「空間への畏《おそ》れ」であると指摘している。砂漠に取りかこまれた峡谷に生きるには、数百万の人々は唯一人の帝王にしたがわねば生きられない巨大なる国家奴隷の集団として屈服させられた。彼らはかかる生活をして空間意識を決定した。これを「虚なる空間への畏れ」とでも呼んでおきたい、という。
>
> そして、中世の固い身分関係にしばられた人々の意識は「形態の幾何学」とでもいうべき三位一体のヒエラルキー身分空間を構成する。これがゴシック的空間意識であるとする。

＊中井正一　1900-1952　美学者。1930年に『美・批判』（後に『世界文化』に改題）を創刊。著書に『美学入門』など。

そして、この身分関係の崩壊にともなう近代的空間の出現は、自己を中心とする「遠近法の空間」となってあらわれる。それが自己の視点を中心とする「体系空間」の出現であったという。

そして機械時代には抽象的で無方向な「図式空間」を構成しつつあるという。たしかにこの図式的であり私自身問題を感じるにせよ、ひと目にして明らかなように近代的インテリアデザインとは、近代的自我、平たくいえば、人格の象徴としての空間表現にしぼって考えなければならない。そう考えるなら一人の人間が空間のなかにあって自己の空間の表現をしはじめる時期もうなずけよう。つまり、幼年や少年は、自分のおかれた空間を意識しない。ところが、次第に成長して自我に目覚め、性を意識しはじめるとどうだろうか。もし事情が許されるかぎり、思春期の青年や少女は自己の部屋を飾ろうとするだろう。（中略）これを単なる低級な装飾趣味だと片づけることは簡単である。しかし、いかに拙劣であれ、自我にふさわしく、自己表現の手段としようという異常に強い欲望を見ることができるのではなかろうか。

日本には空間という概念はなく（西欧でも空間を意識しだしたのは、産業革命以降ではないだろうか）、絵巻などの絵画表現に見られる、村上隆がいうところのス*ーパーフラットな世界だったのかもしれない。明治以降（もう少し前あたりから）

襖障子、几帳、御簾、鎧戸で仕切られた鎌倉時代の公家屋敷。絵巻『春日権現験記』

西洋から遠近法、建築学=architectureなどが入ってきて、「空間」というものがあることを知るが、その意味は、場=place, spot、間=space, time、室=roomといった意味も含まれているが、空間=interiorではない。スペースは宇宙も意味し、インテリアはプライベートな内面的世界にも通じ、そしてモーリス・センダックの『かいじゅうたちのいるところ』ではマックスの部屋が突然、森になったり、海になったりするように子供が夢見る幻想的世界にも通じている。人間が生活するうえでも、椅子などの家具と同じようにインテリアも身体に近く、子供が成長していくうえでインテリアが与える影響は大きい。自我が目覚めていくときに、内面的世界と結びつきインテリアが自己表現のひとつとなるという栗田の指摘は、かつて個室をもてなかった日本人の住まい環境とも深くかかわっている。人間形成においても、マックスのように幼い頃から個室をあてがわれ、自立心を養わせる西洋の躾けと、親子がひとつの空間のなかで寝起きすることで自然に伝承していく日本のそれとは大きく異なる。

　日本でインテリア産業というと、狭い空間を有効利用するために工夫された雑貨をイメージすることから「隙間《すきま》産業」と捉える人がいるが、このあたりも「間」という概念から、ものとものののあいだを連想させることに起因しているのではないだろうか。

＊スーパーフラット　日本画の「奇想」の画面構成がアニメーションの表現にも反映していることに着眼した村上隆の活動・作品の特徴であり、日本文化論。

百貨店の室内装飾部

昭和三、四〇年代、休日は家族でお洒落して百貨店へ行くというのが、ひとつのステイタスになっていた。

それは、屋上には遊園地があり、最上階には展望できる大衆食堂があり、子供たちにとっては、遊園地で遊んだあとにお子様ランチというのが定番だった。まずは客をエレベーターやエスカレーターで最上階へ上げる、シャワー効果を利用した販売促進のための仕掛けだった。その後は、遊園地から美術館やイベントホールなどの文化教養施設にかわっていった。

戦前は、まだインテリアデザインという言葉がなく、そういった分野を専門に手がける人がいなかったが、百貨店の室内装飾部が家具販売から室内装飾までを手がけていた。建築家に依頼するケースもあったが、規模が大きな室内設計、一九六〇年代までは日本の造船業は盛んで豪華客船のインテリアなどは高島屋、大丸などの室内装飾部（室内装飾の専門家）が設計や施工にあたっていた。わずかではあったが、建築からインテリア、家具、彫刻にいたるまでを手がける設計事務所が戦前にもあったが、ほとんどが建築系の設計施工の工務店がインテリアまで手がけていた。

戦後、渡辺力が一九四九年、剣持勇が一九五五年にそれぞれ独立してデザイン事務所を開設し、プロダクトから家具のデザイン、インテリアまで手がける。インテリアに関しては、当時まだ建築に従属するかたちで、その存在自体が社会的に認められていなかった。一九五八年に日本室内設計家協会（後の日本インテリアデザイナー協会）が設立され、一九六〇年には*『インテリア』（英題名『JAPAN INTERIOR DESIGN and DECORATION』、後に『JAPAN INTERIOR DESIGN』）が創刊される。《インテリアデザイン》という言葉がまだ一般的には知られていない時期だった。そういった草創期に、インテリアデザインというジャンル、インテリアデザイナーの職域の確立などにも貢献した専門誌だった。『商店建築』の創刊は一九五六年で『インテリア』よりも四年ほど早いがその雑誌に登場する人たちの多くは店舗設計士または店舗設計家で、インテリアデザイナーという肩書きは六〇年代に入ってからだ。それも百貨店の室内装飾部に属している人がいち早く使っていた。

六〇年代は、商業空間のデザインは百貨店の室内装飾部が中心で、倉俣史朗にしても、*北原進にしても百貨店の室内装飾部に属していた。*伊藤隆康も百貨店の室内

＊『インテリア』 1960年8月創刊された日本初のインテリアデザインを中心とした総合デザインの月刊誌。1985年4月号まで発行、以後休刊。

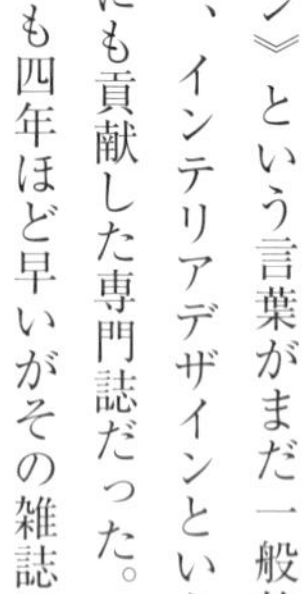

『インテリア』創刊号

＊北原進 1937– インテリアデザイナー。白木屋設計部、パシフィックハウス、フォルムインターナショナルを経て、1970年にK.I.Dアソシエーツ設立。ホテル〈東急イン〉の一連のインテリアなど。

装飾部に籍を置きながら、彫刻作品をつくっていた。

ある意味、日本の戦後のデザインやアートは、百貨店から始まったといってもいいのではないだろうか。ゴッホやゴーギャン、ルノワールなどの著名な印象派の絵画展も、当初は百貨店での集客のための催し物として開かれていた。戦後の市民文化の発展に百貨店が果たした役割は大きく、池袋の西武百貨店にあった一九七五(昭和五〇)年開館の西武美術館が一九八九(平成一)年にセゾン美術館にかわり、二〇世紀末の一九九九年にセゾン美術館が閉館したときに、四半世紀におよぶセゾン文化が幕を閉じたと同時に戦後の百貨店文化も幕を閉じた。

*伊藤隆康　1934-1985　造形作家。70年代は商業空間のデザインも手がけていた。主な造形作品に〈無限空間 6-62〉(1962)〈負の球〉(1968)などがある。

インテリアデザイン論争とジャポニカ論争

『インテリア』創刊号(一九六〇年八月号)に、アントニン・レーモンド*が「インテリアデザインの私見」という次のような原稿を寄せている。

エクステリアというのは、インテリアの立案から生まれる直接の結果だとい

*アントニン・レーモンド　1888-1976　建築家。フランク・ロイド・ライトのもとで学び、帝国ホテル建設の際に来日。日本人建築家に大きな影響を与える。

うことです。従って外部も内部も同じ建築家の手によって設計されるのが当然なのです。家具、調度その他あらゆる装飾品も当の建築家により設計され、選ばれる方が、ほかの建築家、あるいは室内装飾家の手による場合よりもいいにきまっています。（中略）

室内装飾家の本来の領域は家具つきでない、建てっぱなしのアパートでしかありません。

インテリアデザインについての見解を求められているのだが、途中からインテリアデコレーター（室内装飾家）についての話になり、ひとりの建築家がすべてを設計することが望まれるが、そのような完全無欠な仕事ができる建築家はひとにぎりだと述べている。レーモンド自身もインテリアデコレーターとインテリアデザイナーを混同している。つまり、インテリアデザイナーという肩書きで仕事をしていた人はアメリカにはすでにいたが、室内を手がける人のほとんどがインテリアデコレーターであったことから、そのような発言になったのではないだろうか。

この発言に対して、正面から意義を唱えたのが剣持勇だった。同誌の次号（一一号）で「インテリアデザインについて――レーモンド氏の見解にこたえる」と題した原稿を寄せている。

レーモンド先生は、建築デザインは、本質的にはエクステリアもインテリアも一元的に成り立つものであるから、一人の建築家の頭脳と感性によって、ズバリ一刀両断的にやるのが理想――とおっしゃる。まことに理想的な理想です。しかし、理想必ずしも現実可能となるものではありません。理想を抱いたまま憤死した青年老若男子は古今東西少なくありません。

そこでレーモンド先生もおっしゃっています。「理想はそうなんだが――残念ながらこうした完全無欠な建築家はほんのひとにぎりしかいません」と。さらにレーモンド先生いわく「そこで室内装飾家（Interior Decorator）の介入ということになる。それは決して最善の解決方法だからではなく、たまたま建築家が不勉強だから、そのすきまにアキスにやられた、室内装飾家というアキスに」、とでもおっしゃっているように聞こえたのは筆者一人でしょうか。そして室内装飾家ごときに領地をわけてやって惜しくないのは「建てっぱなしのアパートだけだ」とおっしゃっています。

まずわたくしは、レーモンド先生は俗に世間（アメリカ）でいうインテリアデコレーション（Interior Decoration）と建築デザインとのトラブルのことをのべて、結局、I.D.（インテリアデコレーター）不要論を唱えておられるのだと思います。ところが実際にはインテリア計画は「デザイン」と「デコレーション」との二つの段階からなっており、日本とアメリカでは、この二つのものに建築を入れて、三者の分担関係がまるで違うのです。その違い方、国によっての違い方を知らないと、レーモンド先生がただむしょうに威張りくさっているように見えてしまうのです。

日本では、まだインテリアデザインという言葉が定着していない時期に、インテリアデザイナーという職域や職能について剣持は述べ、インテリアデザイナーという社会的地位を確保しようとしている。また、彼が提議する「内部を専門に担当する建築家」という考え方は、*アーノルド・フリードマンらが唱えた「インテリアアーキテクチュア」の概念に近く、すでにこの時期に剣持自身がそのようなデザイナーを目指していたことがわかる。

そして、この「インテリアデザイン論争」は、*清家清、*神代雄一郎《こうじろゆういちろう》、渡辺力、竹山謙三郎、*豊口克平、*菊竹清訓と引き継がれ、それぞれの立場から見解を述べている。今日でも人によってインテリアデザインの捉え方が多少異なっているが、職域や職能はかなり曖昧なところがある。アメリカの場合、家づくりには建築家のほかに、インテリアデザイナー、家具デザイナー（プロダクトデザイナー）、テキスタイルデザイナー、ランドスケープデザイナーがいて職域が確立している。一九六〇年に多くの人、とくに建築家に正しく認識してもらい、剣持自身が今後インテリアデザイナーとして仕事をするうえで、建築とのヒエラルキーをなくし、できれば建

*アーノルド・フリードマン、ジョン・F・パイル、フォレスト・ウィルソン著『Interior Design』（1970）インテリアデザインが建築と密接な関係にあることから、訳者が邦題を『インテリア・アーキテクチュア』とした。

*清家清　1918-2005　建築家。代表作に〈森博士の家〉、〈私の家〉など。

*神代雄一郎　1922-2000　日本の建築史研究者、建築評論家。

*豊口克平　1905-1991　藤田周忠が主宰する「型而工房」に参加、代表作に〈トヨさんの椅子〉などがある。

築家と対等な立場で仕事をしたいと考え、公の場で議論することを企てたのではないだろうか。

「インテリアデザイン論争」は、アントニン・レーモンドの私見に、剣持が反論したところから始まるが、それ以前に起こった「ジャポニカ論争」の発端も剣持である。ここで、剣持の経歴に触れておきたい。

剣持勇は、一九三二（昭和七）年に商工省工芸指導所*に入所。商工省は一九四一（昭和一六）年〈国民生活用品〉展（高島屋）、戦後も一九五一（昭和二六）年〈デザインと技術〉展（日本橋・三越）などを開催し、デザインを一般に普及するための啓蒙活動を行っていた。剣持は同年技術部第一技術課長に任ぜられ、翌年の五二年には海外工芸事情研究のためアメリカへ出張を命ぜられる。五三年にも第三回アスペン世界デザイン会議に初の日本代表として出席。イームズ夫妻と親交を深める。チャールズ・イームズは、一九四〇（昭和一五）年のニューヨーク近代美術館のコンペで建築家のエーロ・サーリネン*と並んでグランプリを獲得して頭角をあらわし、彼らがデザインした家具も注目されていたが、その頃自邸のケーススタディハウス*（実験住宅）が脚光を浴び、「インテリアデザイナー（室内建築家）」への志向を秘めていた剣持が強く惹かれた。また、玩具のコレクションや自分の好奇心のおもむ

*菊竹清訓　1928-2011　建築家。メタボリズムに参加。代表作は〈スカイハウス〉（1958）、〈アクアポリス〉（1975）など。

*工芸指導所　1928年商工省が開設。各地の産業をデザインによって活性化することを目的とした。ブルーノ・タウトやシャルロット・ペリアンを招聘し、指導を受ける。

*エーロ・サーリネン　1910-1961　建築家、プロダクトデザイナー。代表作に〈JFK空港のターミナル5〉や〈チューリップチェア〉など。

くまま変わったものを撮影したり、両者には蒐集癖があるなど（剣持が倣ったものなのかはわからないが）共通するものがあった。その当時、アメリカ市場を圧倒していたのは「スウェーディッシュモダン」の家具であった。また、アメリカのデザイナーが日本的デザインにも傾倒したことから、帰国後日本を意識した「ジャパニーズモダン」デザインを海外向けの日本商品見本市やアメリカ・カナダ国際見本市のモデルルームで展開した。ところが、建築家の吉阪隆正*に「ジャパニカ」と軽く揶揄された。これが、「ジャポニカ論争」の発端で、実はこの問題は現代においても解決されていないように思える。それに関しては、デザイン評論家の柏木博が指摘している。

近・現代の日本のデザインの流れの中に、浮かび上がっては沈み、だがしかし決して消え去ることのないテーマの一つに、〝日本的なるもの〟がある。戦後のインテリアデザインにおいて、それが最も早い時期に出現して来るのは、一九五〇年代の半ば頃から六〇年代の初期にかけてである。何を契機にしてそれが始まったのかということを確定することはなかなかむつかしいが、状況論的に見るなら一九五三年にカナダで開催された国際見本市での日本展示場のショールームはそのきっかけの一つになった。（中略）

そのインテリアデザインは一言で言ってしまえば「日本調モダン」デザイン

＊ケーススタディハウス　ジョン・エンテンザ発行の「アーツ＆アーキテクチュア」という雑誌で、1945-66年に試みられた実験的な提案住宅。

＊吉阪隆正　1917-1980　建築家。ル・コルビュジエに師事。代表作に〈浦邸〉、〈ヴィラ・クゥクゥ〉など。

だということになる。ごく素朴な見方をすれば、日本調のデザイン・ヴォキャブラリーによって、日本の固有性を示し、日本の自己同一性（アイデンティティ）を確認すると同時に、モダンな（ここでは洋風ということでモダンを表現しているわけだが）形態を混在させることで、その固有性をインターナショナルであり、また同時代的なものにみせようとしているのだと言えるだろう。（中略）そうしたデザインがやがて「ジャポニカ」という名称が与えられ、結局、国内消費向けのデザインになって行った。[11]

ジャポニカの発端となった「ジャパニーズ・モダーン」の提案、これについて剣持は『工芸ニュース』（一九五四年九月号）で、「ジャパニーズ・モダーンかジャポニカ・スタイルか——輸出工芸の二つの道」と題して次のように述べている。

「ジャパニーズ・モダーン」是非論が大分やかましくなっている。この言葉を使いだしたのは、たしかに筆者らしい。一九五二年の暮以来「日本から輸出は、三流商品による屈辱輸出のみでなく、デザインの優れた良品質の輸出こそ本筋のものである」ことを主張してきた。「今の輸出のねらい方は必要以上に頭を下げすぎ、自分を卑下しすぎている」。日本の相当の商社が二流・三流程度の貿易のやり方の中で満足している。ところが米国民はこちらのものをもっと高く評価している。これまでの通俗をねらったいかがわしい三流商品でなく、日本の現代の生活と現代の工業なり手工の中から生まれてくる「日本の優れたもの」それを求めている。それはスウェーデンからの良質優良デザインがスウェディッシュ・モダーン・デザインと呼ばれているように、ジャパニーズ・モダーン・デザインとして呼称されるべきものだ。現にニューヨーク等の一流商社から、ジャパニーズ・モダーン・デザインのものにはわれわれは wide open です、とどのくらいいわれたことかしれない。日本におけるデザイン、優良にして品質高きものとしての――ジャパニーズ・モダーン・デザイン――筆者はこういうつもりで、この言葉を使い始めたのである。

ところが、不幸にして言葉は極めて浅い意味にとられてしまった。「何という浅はかな考えではないか」とばかり足をすくわれた感がある。またすくわれるだけの説明不足もあった。第一、近代日本調などという訳語がいけない。近代日本調という言葉からは「新日本音楽」とか「大正琴」（若い読者は知るまいが、大正時代にはやった安っぽい改良琴）とか、蝶々夫人のセットとかそんな底の浅いものを連想させるに違いない。とにかく、アメリカ人の日本に対する異国趣味につけこむファッション・デザインすなわちフジヤマ・ゲイシャスタイルのデザイン、これがジャパニーズ・モダーンという言葉の意味する内容として伝わってしまったようである。ところがこういったフジヤマ・ゲイシャの流行に対しては「ジャポニカ」という言葉が別にあるのだ。だからジャポニカとジャパニーズ・モダーンと一緒にしてはならないのだ。ジャポニカは軽べつ的な、からかい半分のあだ名であり、ジャパニーズ・モダーン・デザインは普通の真面目な言葉であって、「現代日本のデザイン」という意味であるにすぎない。

剣持は、「ジャパニーズ・モダーン」について「この言葉を使いだしたのは、たしかに筆者らしい」と最初に吐露している。つまり、それを「ジャポニカ」と吉阪に揶揄されたが、これも「インテリアデザインとは何か」という論争以前に、剣持が仕掛けたものだ。デザインという言葉がまだ、一般には浸透していなかった時代にいち早く問題提起し、スウェーデンの良質優良デザインに対抗できる「現代日本のデザイン」とは何か。またそのようなものをつくるために、日本はデザインが優れた良質品をつくらなければならない。かつて産業工芸試験場の意匠部長だったこともあり、独立して間もない剣持は焦っていたのではないだろうか。六〇年代にホンダやソニー、トヨタが世界進出するが、五〇年代はまだ日本には誇れるような産業はなく、アメリカを視察し、世界アスペン会議にも日本人で初めて出席し、日本が世界から取り残されてしまっている状況を感じ、マスコミを利用して捲《まく》し立てていたのではないだろうか。そして、剣持は「ジャパニーズ・モダーン・デザインとは、初めに述べた通り、日本における今日のよきデザインという意味である。特別な様式確立を目指して、これにつけたタイトルでもモットーでもない。近代デザイン史上のヨーロッパにおけるアール・ヌーボーの如く、日本における新様式とでも考えられたら困るのである」と念をおしている。

また、イサム・ノグチ*の照明器具あかりについて、剣持は「イサム・ノグチの提灯《ちょうちん》から発想した照明器具は、日本の伝統様式そのもののコピーではない。伝統として現存する技術と材料と、機能効果のプリンシプルだけを引きぬいた、形としては独創的な現代のデザインである。日本という地域を背景とし、日本以外のどこの国でも製作できない日本の現代のデザインである」と語っている。さらに、ジャパニーズ・モダーン・デザインの良質品の例としてあげ、一九五三（昭和二八）年米国建築学会賞を得た日系のジョージ・ナカシマ*の家具についても、外国人の視点からはジャパニーズ・モダーン・デザインであると述べている。

＊イサム・ノグチ　1904-1988　彫刻家、デザイナー。彫刻作品だけでなく、照明器具から家具、橋、庭園、公園と幅広い分野で活躍。

あかり　イサム・ノグチ　1951

＊ジョージ・ナカシマ　1905-1990　家具デザイナー。代表作に〈コノイドチェア〉など。

ふたりのイサム

一九五〇（昭和二五）年、彫刻家のイサム・ノグチがアメリカから来日する。ノグチは前年からヨーロッパ、エジプト、インドを回り、最後に立ち寄ったのが、日本だった。五月九日に有楽町毎日ホールで「芸術と集団社会――Art and Community」と題した講演を行い、八月に日本橋の三越本店で〈イサム・ノグチ作品展〉（四六頁）を開催している。

剣持勇が、イサム・ノグチに初めて会ったのは、東京大学建築学科の丹下健三助教授の研究室だった。ノグチは、その一カ月後に当時下丸子にあった工芸指導所を訪れている。剣持が招いたものと思われるが、滞在期間中の二週間、そこがノグチの仕事場となった。ノグチはすでに家具やテーブル、ランプなどのデザインの仕事もしていて、ハーマン・ミラー社から販売されていた。そして、彫刻作品をつくる傍らで、グラハムのバレエ「ヘロディアド」や「アパラチアの春」の舞台装置を手がけている。一九五一年には女優・山口淑子*と結婚。谷口吉郎*設計の慶應義塾大学の〈万来《ばんらい》舎〉の庭園と彫刻制作を担当し、アントニン・レーモンド設計の〈リーダーズ・ダイジェスト社〉（一九五一）の庭園、さらには広島に二つの橋のデザインと多忙を極めている。また、鵜飼いを見ようと岐阜に立ち寄った際に、市長から「安

*山口淑子　1920-2014　歌手、女優、政治家。戦前の中国（中華民国）と満州国、日本、そして戦後の香港では李 香蘭（りこうらん）と名乗る。

*谷口吉郎　1904-1979　建築家。代表作に〈藤村記念堂〉（1947）、〈東京国立近代美術館〉（1969）など。

テーブル　イサム・ノグチ　1944

〈イサム・ノグチ作品展〉
1950

価なパーティ用の装飾品に成り下がりつつある伝統的な紙製の明かり、〈提灯〉をもっと近代的にするのを手伝ってほしい」と頼まれた。その偶然の訪問からあの名作〈あかり〉が生まれている。

剣持は、ノグチに初めて会ったときの印象を「この人が、ひとたび仕事にとりかかると〝仕事の虫〟というか〝芸術の鬼〟というか、ともかく何とも形容出来ない人間でない人間に一変してしまうとは、全く予想することが出来なかった」と語っている。

剣持の工芸試験所時代（一九三二―五五）、一九三四（昭和九）年にブルーノ・タウト*、一九四〇（昭和一五）年にシャルロット・ペリアン*、一九五〇（昭和二五）年にイサム・ノグチを迎えている。タウトは建築家、ペリアンは室内意匠家、ノグチはスペースアーティスト（空間芸術家）だったと剣持はいう。彼らから多くのことを学んだ剣持は、ノグチについては次のように語っている。

> ノグチは、他の二大家（タウト、ペリアン）に比べてゼネレーションとしても、一時代新しく、従って我々の若さに一層近く、彼の作品に溌剌《はつらつ》としたセンスは、説明のあると無いとにかかわらず吾々の心の琴線にふれる。これを感覚の共鳴とも言うのであろうか。[12]

〈万来舎〉イサム・ノグチ 1951

*ブルーノ・タウト 1880-1938 ドイツ表現主義の建築家。ナチスの迫害により、亡命先を探していた際に来日。桂離宮を世界に広めた最初の建築家。

*シャルロット・ペリアン 1903-1999 ル・コルビュジエのもとで、家具・インテリアなどのデザインを担当する。1940年商工省から輸出工芸のアドバイザーとして招聘された。

剣持は、タウトの作品からは品格と美は感じられたが、ひと昔前のデザインのように感じたことは否めかったと述懐している。また、ペリアンのモットーたる「選択─伝統─創造」の旗印のもとに提案した数々の作品からも刺激を受けたと語っている。世代的にも近く、名前が同じだったことも親しみを増したようだ。剣持にとって、イサム・ノグチとの出会いを通じて、剣持自身の脱皮・転換への刺激を──とくに自由な立場というものへの、むしろ憧れに近い衝動を──強く感じとったことはたしかである。

イサム・ノグチは、一九八八（昭和六三）年に札幌市モエレ沼公園を設計している。約一八八ヘクタールの広大な公園をひとつの巨大な彫刻に見立てた「最大」の作品を実現している。ノグチのプロフィールを見ると、一九二六年（二二歳）ニューヨークで〈*ブランクーシ〉展を見、感銘を受ける。翌年奨学金を得て、パリ留学。六カ月間、ブランクーシのアトリエのアシスタントを務める。また、*アレキサンダー・カルダーや*藤田嗣治らともその時期に会っている。初期は*バックミンスター・フラーらの肖像彫刻を手がけ、衣裳デザインから、受信装置〈ラジオ・ナース〉（一九三七）のようなプロダクトデザイン、家具やテーブルランプ、舞台装置のデザイン、遊具、日本では橋の設計、庭園、岐阜の提灯をつくる伝統技術を活かした照明の〈あかり〉シリーズ（一九五一）、それは照明器具ではあるが、見方によってはあかりという

*コンスタンティン・ブランクーシ　1876-1957　彫刻家。20世紀の抽象彫刻に影響を与え、ミニマルアートの先駆的作品を残した。

*アレキサンダー・カルダー　1898-1976　彫刻家・現代美術家。動く彫刻「モビール」の発明と制作で知られている。

*藤田嗣治　1886-1968　画家。戦前よりフランスのパリで活動、猫と女を得意な画題とし、日本画の技法を油彩画に取り入れた。

*バックミンスター・フラー　1895-1983　思想家、構造家、建築家。ジオデシック・ドーム（フラードーム）の考案者。

ラジオ・ナース　イサム・ノグチ　1937

光そのものをデザインしたもので、ノグチにとっては光の彫刻であったといえる。大阪万博では上から下に水が噴き出し、回転する、巨大な噴水をデザインしている。

イサム・ノグチは彫刻家であり、またモエレ沼公園のようなものまで設計してしまう環境デザイナーでもあった。何ものにも囚われない、イサム・ノグチの自由な発想は人を惹きつける力がある。彼のなかにはデザインとアートの境界線などはなく、自由にその領域を往き来していた。その自由な精神に憧れ、ノグチの影響を受けたクリエイターは剣持勇をはじめ、彫刻家、建築家、デザイナーと幅広くいたと思われるが、倉俣史朗もそのひとりである。乳白色のアクリルの板を四角い白い布の中心をつまみ上げてそのまま硬化したような照明器具〈ランプ（オバＱ）〉（一九七二）の発想も、照明器具をデザインしたのではなく、光に形を与えたものだということから、その原点はイサム・ノグチの〈あかり〉シリーズにあったと思われる。

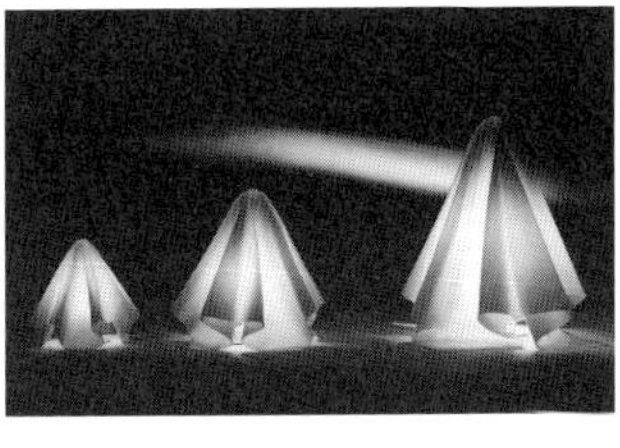

ランプ（オバＱ）　倉俣史朗　1972

インテリアデザインの萌芽

長い長い冬が終わって、やっとデザインが芽ぶいてきたのは、四〇年代の終わりから五〇年代の初めにかけてだったと思う。春の草が萌えだすように、各分野で活発に動きだした。日本にとって一九五〇（昭和二五）年は、デザイン元年といえるかもしれないといったのは渡辺力である。

一九五一（昭和二六）年、日本宣伝美術会（日宣美）
一九五二（昭和二七）年、日本インダストリアルデザイナー協会（JIDA）
一九五六（昭和三一）年、日本デザイナークラフトマン協会（JDCA）
一九五八（昭和三三）年、日本室内設計家協会（後の日本インテリアデザイナー協会）
一九五九（昭和三四）年、日本ディスプレイデザイン協会（DDS）

などが誕生している。そして、一九四六（昭和二一）年『みづゑ』『三彩』『アトリエ』が復刊、一九四八（昭和二三）年『美術手帖』、一九五五（昭和三〇）年『リビングデザイン』（後の『デザイン』）、『木工界』（後の『室内』）、一九五六（昭和三一）年『商店建築』、一九六〇（昭和三五）年『インテリア』と創刊が続いた。

日本のインテリアデザインの確立においても、剣持勇が果たした役割は大きかったといえる。渡辺力は剣持よりも早く一九四九年に、剣持は二三年間の公務を経て一九五五（昭和三〇）年に独立して事務所をかまえている。一九五二（昭和二七）年には、柳宗理*、渡辺力、金子徳次郎らと日本インダストリアルデザイナー協会（JIDA）を結成、つづいて一九五八（昭和三三）年には日本室内設計家協会（後の日本インテリアデザイナー協会）が発足し、剣持は理事を務めている。そして、一九六〇年に東京で、世界デザイン会議が開催されるが、当時はまだ世界に誇れるようなデザインがない日本においては時期尚早と判断し、産業工芸試験所やJIDAは参加しなかった。ところが、JIDAの設立メンバーでもあった剣持と渡辺、柳らは参加したために脱退せざるをえなくなった。

一九五三年の初め、第一〇回ミラノ・トリエンナーレ展参加の招請状がイタリアから外務省に届き、その知らせを聞いた（当時、産業工芸試験所の意匠部長だった）剣持は、産工試の機関誌『工芸ニュース』の編集顧問で評論家の勝見勝*に相談を持ち込んだ。トリエンナーレ展への参加は、かつていかものの工芸品だとタウトに批判され、また海外の商品のコピー商品を日本も生産していた時期もあり、そういったイメージの汚名返上のためにも、日本のデザインを海外にアピールするためにもいい機会であると考えた剣持に共感した勝見は、まず国際文化振興会（KBS）を動かそうとした。そして、KBSの招集で集まった有志が、その二人のほかに柳宗

＊柳宗理　1915-2011　インダストリアルデザイナー。戦後日本のインダストリアルデザインの確立と発展に貢献した。実父は柳宗悦。

＊勝見勝　1909-1983　美術・デザイン評論家。1959年『グラフィックデザイン』を創刊。1964年東京オリンピックのデザイン専門委員会委員長も務めた。

＊丹下健三　1913-2005　戦後もっとも早い時期から国内外で活躍した建築家。代表作に〈国立屋内総合競技場〉（1964）など。

理、*丹下健三、清家清、吉阪隆正、*浜口隆一、*原弘《はらひろむ》、*亀倉雄策、渡辺力だった。結果、資金面でのやり繰りがつかず、次回の参加を目指すことになったが、デザイン各分野の横のつながりと、国際デザイン交流の団体が必要だということから、その後も存続し、日本デザインコミッティーの前身である、国際デザインコミッティーが誕生する。その後に、写真の石本泰博、絵画の岡本太郎、評論の瀧口修造が加わっている。

一九五四年に銀座松屋の七階にグッドデザインセクションが設けられ、渡辺は「日本のグッドデザイン運動はここから始まった」という。啓蒙的な政府主導型のデザイン運動の時代が終わり、民間主導型のデザイン運動は、日本の場合、百貨店から始まった。

*浜口隆一　1919-1995　建築評論家、建築史家。

*原弘　1903-1986　近代タイポグラフィー運動「ノイエ・ティポグラフィー」の理念を支持し、日本の活字文化で独自の表現を志した。

*亀倉雄策　1915-1997　グラフィックデザイナー。NTTのマークや1964年東京オリンピックのポスターのデザインなどで知られる。

1960年代　インテリアデザインが生まれたとき

〈ラ・カルタ〉が示したインテリアデザインの在り方

一九五九（昭和三四）年に岩淵活輝がイタリアから帰国する。その四年後に、クラブ〈ラ・カルタ〉が新宿に完成し、話題を呼ぶ。倉俣史朗も内田繁も通ったという伝説のクラブだ。その当時のインテリアデザインというと壁紙やカーテン、天井にしてもグラフィカルに表現する表層的なデザインが多く、岩淵のそれは建築家が躯体から設計したような印象で、空間そのものをデザインしていた。クラブ〈ラ・カルタ〉は、日本のインテリアデザイン史のなかで、シャルロット・ペリアンの〈エール・フランス東京事務所〉（一九五九）につづく、重要な作品である。岩淵は、「倫理的な環境秩序としての内部空間の追求こそ、本来のインテリアデザインの目指すもの」と主張している。メンバーズクラブという隠れ家のような空間は、岩淵が追求してやまない、中世の影を体現した空間であり、木の羽目板で覆いつくされたデザインだった。多くのインテリアデザイナーが、岩淵のこの作品に衝撃を受けている。それは、木の羽目板を湾曲させて天井と床に使った倉俣の〈ティールーム　アンカー〉（一九六六）のインテリアデザインにその影響が見てとれる。

内田繁は、岩淵のクラブ〈ラ・カルタ〉について、次のように述べている。

クラブ〈ラ・カルタ〉岩淵活輝　1963

クラブ〈ラ・カルタ〉平面図

イタリアから帰国した岩淵活輝は、剣持も渡辺もいまだインテリアデザインの真の姿を実感しない時期に、いきなり〈ラ・カルタ〉をつくりあげた。戦後日本で初めてインテリアデザインの本質を明らかにしたこの空間は、多くの商業空間が陥りやすい表層的造形主義に対抗したのである。「インテリアデザインは感覚的造形へのアプローチでもなく、知性的テクニカルアプローチでもない。倫理的な環境秩序としての内部空間の追及こそ、本来のインテリアデザインの目指すものだ」と岩淵は主張した。岩淵は人間的・理性的・感情的・社会的な在り方を一括した倫理的環境秩序をめざしていた。岩淵の雄大なロマンティシズムは、インテリアデザインも建築も「愛する」衝動が働かないかぎり、人々の知覚・浪漫をかき立てることはないと考えていたのである。それは岩淵の多感な時期をイタリアで学んだものが二重に映し出されていた。建築・デザイン・芸術の垣根のないイタリアの風土と、空間を人間の倫理として捉える思考とである。[01]

この〈ラ・カルタ〉はインテリアデザインの自立につながる重要な作品であり、これまでの商業空間とは明らかに異なった空間で、装飾性を伴わない空間はボリュームと有機的な素材だけで人々を温かく包み込むものであった。それは、これまでのフラットな空間を仕切るだけの平面的な空間構成とは異なり、天井や床のレベルを微妙にかえることで空間に変化を与え、立体的な建築的な空間構成の在り方をインテリアデザインで示した作品だった。

　イタリアにおいてはレオナルド・ダ・ヴィンチからの気風だと思われるが、ジオ・ポンティにしろアンジャロ・マンジャロッティ*にしろ、家具からプロダクト、建築にいたるまで建築家という肩書きで、生活にかかわるものはすべてデザインしていた。それゆえ、岩淵もインテリアデザイナーという肩書きは使わず、建築家という肩書きで主に商業施設のデザインを手がけていた。岩淵と同じように、建築家という肩書きでインテリアデザインを専門としていた人たちには、境沢孝*、村田豊*らがいた。百貨店などの大型商業施設の設計では村野藤吾*が早く、一九三五（昭和一〇）年に〈そごう百貨店〉、他には菅原栄蔵*、宮脇檀*、東孝光*、竹山実*といった建築家も店舗デザインを手がけている。

　だが、東京文化会館を設計した前川國男のように公共建築を手がけている建築家が社会的にも認められ、それに対して百貨店などの商業施設を設計する建築家を低く見る傾向が建築界にあった。この差別化問題は官と民、官学と私学、江戸時代までさかのぼってしまうが、士農工商的階級差別が、今も意識の奥底に残っている。そういった状況のなかで、「一九六〇年代にインテリアの専門誌（『インテリア』）が登場し、インテリアデザイナーという職業名が生まれたのも、一種のゲリラ的動

＊アンジャロ・マンジャロッティ　1921-2012　イタリアを代表する建築家・インダストリアルデザイナー。代表作に〈バランザーテの教会〉（1957）など。

＊境沢孝　1919-2001　ポップアートなど、現代アートの影響を受け、インテリアデザインに反映させ、商業空間で表現した建築家。

＊村田豊　1917-1988　建築家。インテリアデザインも手がけたが、万博で〈富士グループ館〉を設計し、空気膜構造建築の第一人者となる。

＊村野藤吾　1891-1984　建築家。代表作に、〈日本生命日比谷ビル〉〈日生劇場〉など。

＊菅原栄蔵　1892-1967　建築家。東京・銀座のビアホール〈銀座ライオン〉の設計者。

きであり、またアヴァンギャルドでもあった。」[02]と山口勝弘はいう。また、倉俣史朗は次のように語っている。

当時、公共施設なり住宅にかなり建築家が携わっていただけで、建築家が実際に（商業施設の）インテリアをやっても、名前を伏せてやっていた、それに対して、かなり僕自身は抵抗があったわけです。[03]

建築家として店舗設計の仕事に正面から取り組んだのが宮脇檀である。『インテリア』にも発表された銀座帝人メンズショップ〈VAN〉（一九六四）だった。その当時、若者に人気があった三大ブランドが、〈VAN〉〈JUN〉〈EDWARD'S〉で、倉俣が〈EDWARD'S〉の店舗デザインを手がけ、ディスプレイからインテリア、建築までも手がけている。

倉俣史朗と親交が深く、倉俣の仕事をサポートしていた彫刻家の田中信太郎は、「昔はインテリアデザイナーなどとは呼ばれず、商業空間の設計にかかわる人は店舗屋と呼ばれていた」といっていた。商業施設専門の設計は百貨店の室内装飾部が担当し、施工部門もあった。店舗関係の工務店は設計施工だったと思うが、六〇年代はまだ商業施設を専門にデザインする人が少なく、百貨店の室内装飾部にいた人たちが独立し始めた頃であった。戦前は室内設計には工芸彫刻、装飾美術などと呼

＊宮脇檀　1936-1998　建築家。代表作に〈松川ボックス〉（1979）など。

＊東孝光　1933-　建築家。代表作に〈塔の家〉（1966）など。

＊竹山実　1934-　建築家。代表作に〈一番館〉（1969）、〈二番館〉（1970）、〈晴海客船ターミナル〉（1993）など。

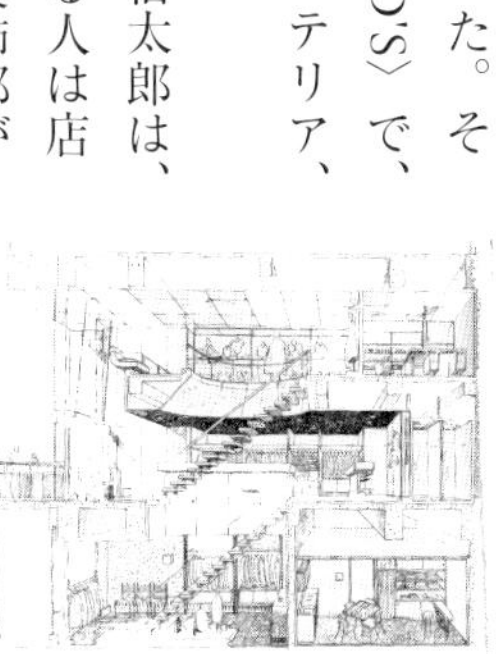

銀座帝人メンズショップ〈VAN〉の室内パース 1964

ばれていた分野もあり、そこには画家や彫刻家などもいた。

山口勝弘は、現在は環境芸術家、その前はビデオアーティスト、それ以前は造形作家で、六〇年代は彫刻家という肩書きで、一九六五（昭和四〇）年に〈ニューアートの店〉、一九六六（昭和四一）年にクラブ〈フォンテーヌ〉のインテリアデザインなどを手がけている。

六〇年代の『インテリア』誌のバックナンバーを見ると、前半はインテリアデザインと呼べる作品はほとんどなく、建築家が設計した住宅やホテル、公共建築などの室内を取材して掲載している。一九六三年には高島屋や大丸が担当した大型客船の室内設計の仕事が紹介され始め、その他は伝統工芸展、絵画展や彫刻展などが紹介されていた。一九六四年にデビューした東孝光や村田豊の店舗設計の仕事も紹介され、村田は一九七〇（昭和四五）年の大阪万博で、〈富士グループ館〉を設計するがそこにいたるまでは、実験的な試みを店舗設計で実践しているのがわかる。

境沢孝は、『インテリア』には一九六二年一月号で「小さな喫茶店」でデビューする。それ以前に『商店建築』で飲食店などの作品を発表していて、すでに実績があった。『インテリア』に初めて掲載された喫茶店〈マロニエ〉は、お茶の水にあった小さな喫茶店で、北欧風のモダンなインテリアで、喫茶店というよりはモダンリビングといった印象だった。それは、当時はまだ住宅事情が悪く、ほとんどの住宅にはまだリビングはなく、接客用の空間として近所の喫茶店を利用していた人は少なくな

喫茶店〈マロニエ〉境沢孝　1962

かった。個々の住宅の延長として、喫茶店が利用されていたためアットホームな雰囲気になっていたようだ。「スウェーディッシュモダン」風なインテリアといったほうがいいのか、白木を使った明るいインテリアは若い人たちに好まれた。

インテリアデザインに影響を与えた二つの個展

高松次郎は、一九六四（昭和三九）年に初めての影画の作品〈女の影〉を描く。高松自身は影を描いたといわず「つくった」といっている。それが重要で、その後はキャンバスではなく、柱や鴨居を取り付けたフェイクの壁をつくり、そこに投影された影を描いている。そして、一九六六（昭和四一）年七月、東京画廊で高松次郎の個展が開かれた。高松にとっても初めての個展で、人の影を画廊の壁に描いた作品だった。当時、現代美術を扱う画廊はこの東京画廊と南画廊で、美術関係者から注目されていた画廊だった。高松は画廊の空間に造形的なものはいっさいつくらずに、作品は壁に描かれた人の影だけで、会期が終われば、消すしかなく、画廊にとっても販売できない作品だった。

高松次郎の個展〈アイデンティフィケーション〉1966

そのために二週間かけて高松は描いているが、その制作過程がハプニングだったといえる。影のモデルとしてポーズをとったのは、美術関係者（岡本太郎*、斎藤義重*、中原佑介*ら）であったようだ。その影の主は、会期中にまたその会場（東京画廊）に足を運んだと思われるが、いずれにしも、《影》だけの状態で、会場に集まった人たちの影も壁に投影され、実際の影なのか、描かれた影なのかわからなくなる。かつてあったものが存在せずに影だけが床・壁に残り、空間にものが存在しない《反実在的な不在性》を表現したものだった。

影の持ち主が、ピーターパンのように自分の影を取り戻しにくることを想定して描いたのであれば、それは犯罪現場に必ず戻ってくる犯人のような行動パターンといえるかもしれない。殺害された人がいた痕跡を確認するために、刑事が床に人型のアウトラインを描くが、人の影画もかつてはそこに人がいたことを実証する。つまり、影のモデルが再び同じ場所に戻ってきて、自分の影と実際の影を重ね合わせて再確認するだろうと想定したならば、それを仕掛けた高松の策略そのものもハプニングであり、影画そのものには大きな意味があるわけでないことがわかる。

この東京画廊での高松次郎の個展は、《アイデンティフィケーション》と題され、その言葉の意味は「同一性確認」で、フェイクの影と実際の影が交差することを意味しているのか、作家の真意はわからないが、美術評論家に投げかけた「問題提議」であったようにも思われる。この高松の《影》についての論考は、中原佑介、東野*

*岡本太郎　1911-1996　大阪万博の〈太陽の塔〉の作者で知られる芸術家。

*斎藤義重　1904-2001　造形作家、美術家。多摩美術大学で斎藤に師事した学生たちの一部が「もの派」と呼ばれる。

*中原佑介　1931-2011　美術評論家。著書に『現代芸術入門』（1979）などがある。

*東野芳明　1930-2005　美術評論家。著書に『マルセル・デユシャン』（1977）など。

*針生一郎　1925-2010　美術評論家。東野芳明、中原佑介と並んで「美術評論の御三家」と呼ばれた。

*宮川淳　1933-1977　美術評論家。シュルレアリスムや構造主義周辺の思想・文学を受容しつつ独自の思索を展開した。

*石子順造　1928-1977　美術評論家。アングラ芸術、デザイン、漫画などを対象に評論活動を展開した。

芳明、針生一郎*、宮川淳《みやかわあつし》*、石子順造*、李禹煥《リ・ウーファン》*らが書いている。現在、一九六〇年代のハイレッド・センター*の活動が注目され、また〈高松次郎〉展が二〇一四年に東京国立近代美術館で開催されるなど、高松個人の活動も再注目されている。

もうひとつ、インテリアデザインに強い影響を与えた個展が、同じ東京画廊で開催された一九六八年の田中信太郎*の個展〈点・線・面〉であった。田中は、画廊の空間を使った、今でいうインスタレーションであったが、これまでの彫刻作品は具象にしても抽象にしても、そこに表現された造形があり、画廊という器のなかで鑑賞するものだったが、田中の作品は空間を数学的な構成要素を用いて分割するために、《点》としてハロゲン電球、《線》としてピアノ線、《面》として床から天井まである一枚のガラス板による空間構成だった。

空間構成ということでは、光の線によって空間を分割した、ダン・フレイヴィン*の〈緑と緑の交差〉（一九六六）が思い浮かぶ。蛍光灯が内蔵された緑色の光の柱を交差するように配列させた作品で、別名「緑を用いなかったモンドリアン*に捧ぐ」。ピート・モンドリアンの水平線と垂直線で平面を分割した作品があるが、フレイヴィンは空間を蛍光灯の柱を使って分割している。緑という色にこだわったのは、モンドリアンが線は黒、面は三原色を使って平面構成しているが、緑を使っていなか

田中信太郎個展〈点・線・面〉 1968 東京画廊

緑と緑の交差 ダン・フレイヴィン 1966

ったことから、フレイヴィンは逆に緑だけを使っている。倉俣史朗はフレイヴィンの作品からインスピレーションを受け、〈エドワーズ本社ビルディングのショールーム〉（八二頁）をデザインしている。床から天井まで伸びた細い透明のプラスチックチューブのなかに蛍光灯を挿入したものだが、そのチューブが棚板の柱になっていた。透明な棚板を支える細い光る柱が無数に連立し、なおかつ周囲の壁が鏡面になっているため、光の柱が無限に広がっているように見える。これは、商業空間であるが、インスタレーションでもあり、このダン・フレイヴィンを意識した光の造形表現だったといえる。

話が田中信太郎からダン・フレイヴィンにそれてしまったが、空間分割ということでは共通している。田中の作品は構成主義でありミニマルアートでもあり、プライマリー・ストラクチャー以前で、空間表現の原初的な作品だったといえる。田中の作品はインテリアデザインや建築を志す人たちに、インスピレーションを与えたことは間違いない。桑沢デザイン研究所を卒業して二年目、二五歳の内田繁が〈点・線・面〉を見た印象を次のように語っている。

カンディンスキーの点・線・面という基本的という基本的な構成に名を借り、ハロゲン電球の《点》、ピアノ線の《線》、そしてピアノ線をはさんでハロゲン

＊李禹煥　1936–　美術家。「もの派」は、1968年に関根伸夫が〈位相—大地〉を発表し、李がそれを新たな視点で評価し、理論づけたことから始まるとされる。

＊ハイレッド・センター　高松次郎、赤瀬川原平、中西夏之の三名により1960年代前半に結成された前衛芸術グループ。

＊田中信太郎　1940–　主に金属を使った抽象彫刻作品の作家。倉俣史朗に協力して商業空間のデザインも手がける。

＊ダン・フレイヴィン　1933-1996　ミニマリズム、ライトアートの美術家。

＊ピート・モンドリアン　1872-1944　カンディンスキーと並び、本格的な抽象絵画を描いた初期の画家。

電球と反対の壁に立てかけられたガラス板による《面》で構成されていた。たった一本のピアノ線で白く塗られた画廊を意識の領域として分割している。
こうした空間分割は、のちに空間研究の対象となる、意識の領域《閾《しきい》》、《間》といった概念、「茶室」の試みなどの基礎にもなっている。この時期、まさにインテリアデザインは時代の潮流となり、新たな「文化推進力」となったのである。04

商業空間のデザインからスタートしたインテリアデザイナーにとって、田中信太郎の〈点・線・面〉はひとつの指針になったことは内田の証言からもわかる。内田のように、日本固有の空間概念である「閾」や「間」へと回帰していくデザイナーもいれば、建築の空間概念を作品化する、川俣正*のようなアーティストも出てきている。田中の作品からインスピレーションを受けた人は少なくないだろう。

*川俣正 1953- 美術家。主な作品に〈KAWAMATA工事中〉1987〉など。

剣持勇と倉俣史朗の接点

戦後インテリアデザイン史の大きな流れを知るうえで、剣持勇と倉俣史朗の二人が重要で、この二人の個人史を調べていくと歴史が見えてくる。そして、気になったのが、この二人の接点はあったのだろうかということだった。

剣持デザイン研究所の創立は一九五五（昭和三〇）年、剣持が逝去したのが一九七一（昭和四六）年、現在の松本哲夫*所長は、それ以降もホテルやオフィスのインテリアから、クルーズ客船〈飛鳥1〉やN700系新幹線〈のぞみ〉のデザインまで、幅広く手がけている。剣持の所長歴は二〇年足らずだったが、松本はすでに四〇年を超えている。剣持の最後の仕事となったのが、七一年の〈京王プラザホテル〉で多くの飲食店などが入った複合商業施設だった。そのため、剣持がディレクションして多くのインテリアデザイナーや造形家、画家、書道家などを選んでいる。だが、剣持が選んだインテリアデザイナーのなかに、倉俣の名前はなかった。

松本は、「いろいろ調べてみたが、倉俣さんと剣持が一緒に仕事をした記録はなかった。ただ、桑沢デザイン研究所の設立が一九五四年で剣持はそのときから講師を務めていたので、五五年に桑沢に入った倉俣さんとはそこで会っていると思う。[05]」と語っていた。

*松本哲夫　1929–　通産省工業技術院産業工芸試験所を経て、剣持勇デザイン研究所創設に参加。

なぜ、剣持は倉俣にホテルの飲食店のインテリアデザインを依頼しなかったのか。それは、その時期、倉俣は高松次郎との共作によるクラブ〈カッサドール〉(一九六七)やダン・フレイヴィンのライトアートを什器にしたような〈エドワード本社ビル〉(一九六八)、そしてクラブ〈ジャッド〉(一九六九)と立て続けに話題作を発表していた。これまでの、表層的な室内設計という枠を超えて、建築的な空間表現へと移ろうとしていた時期だった。

また、剣持は若手インテリアデザイナーの北原進を選んでいる。北原は倉俣より三歳年下だったが、アメリカ系の組織事務所でインテリアデザインの仕事をした経緯があったことから、北原を起用したものと思われる。つまり、倉俣にインテリアデザインを依頼すると、次にどのような球を投げてくるのか、まったく想像できないことから、ある程度予想できる北原に依頼したのだろうか。国際的な規模のホテルという公共的な場をつくるにあたって、あえて冒険することを避けたことは想像できる。ところが、インテリアデザイナーの沖健次の証言から、当時剣持から依頼を受けていたことがわかった。倉俣は六八年以降はインテリアデザインの依頼が急増し、多忙を極めやむを得ず辞退したと思われる。

剣持勇は、京王プラザホテル開業の翌日に、自ら命を絶っている。その理由は不明のままだが、この時期多くの仕事を抱え、そのストレスからではないかともいわ

クラブ〈カッサドール〉 倉俣史朗 1967

クラブ〈ジャッド〉 倉俣史朗 1968

れている。これは、筆者の臆測だが当時グラフィックからインダストリアル、インテリアまでと幅広くデザインを手がけていて、剣持が理想としていたデザインの世界と、商業空間を中心にしたデザイン、理想と現実のあいだで悩んでいたのではないだろうか。それについて、『剣持勇の世界』（一九七五）のなかで、磯崎新は次のように述べている。

剣持勇は、彼の資質とはかかわりなしに、日本における近代デザインのパイオニアの通例として、その出発から啓蒙的たらざるを得なかった。……国際的なデザインの流れのなかにおける遅延と、近代化を官製の指導ですすめざるを得なかった日本の特殊性、この二つの枠組のなかにあって、剣持勇は、みずからに啓蒙的なデザイナーの役をふりあてざるを得なかったというべきだろう。

剣持という名前からして、彼は武士の末裔《まつえい》だと思われるが、幕末の尊皇思想を唱える官軍と、幕府についた賊軍、そのあいだで近代国家をつくるために葛藤し、悩み苦しんだ末の藩士のように思えてくる。

だが、インテリアデザインという領域を建築家から勝ち取ったというよりは、かつて存在しなかった新たな領域を切り拓いていったのは剣持であり、一九五八（昭和三三）年に剣持は渡辺力らと日本室内設計家協会（後の日本インテリアデザイナー協会）を設立するなど、インテリアデザインの黎明期にあって剣持勇が果たした役割は大きく、剣持の言動によってインテリアデザインという領域が確立され、さらに建築の支配から逃れ、自立するための足がかりとなったといえる。

だが、山口勝弘がいうところの「建築と芸術があり、そこのあいだに入ってきたのが〝インテリア〟だ」いう状況にはまだいたっていない。それは、やはり倉俣史朗がデビューする六〇年代後半まで待たなければならなかった。

アーティストとのコラボレーション

倉俣史朗は、一九六五（昭和四〇）年に、独立してクラマタデザイン事務所を設立している。独立後すぐに、宝石店や洋品店、レストランなどの店舗をデザインしている。この時期、イラストレーターの宇野亜喜良*と初めてのコラボレーションを行い、ブティック〈トンボ〉（一九六六）の天井画を宇野に依頼している。イラストレーションとのコラボレーションによる仕事では、スナック〈田園〉（一九六七）は山崎英介*、〈エドワーズのディスプレー〉（一九六七）は伊坂芳太良《いさかよしたろう》*に依頼してい

宇野亜喜良　1934-　グラフィックデザイナー、イラストレーター。寺山修司の舞台や宣伝美術を手がける。

＊山崎英介　1937-　イラストレーター、絵本作家。

る。若い人たちに人気があるアングラ文化を象徴するイラストを使った表層的な仕事がこの頃までは多かったが、その後は空間を意識した仕事へと変わっていく。

一九六六（昭和四一）年、倉俣史朗は三二歳、この年に高松次郎の紹介で田中信太郎と三木富雄*に出会っている。倉俣は、デュシャン*の影響からか早くから現代美術に興味をしめしていた。「依然としてアートに額縁があり、画廊があるわけで、そこからアートをもっと街のなかへ、身近にひきずり出そうという意識と目論見はかなりありました。」[06]という倉俣の証言からもわかるように、アートを画廊から外へ出し、商業空間で高松次郎の影画を実現したいと考えたことは想像できる。そして、翌年の一九六七（昭和四二）年、高松次郎が新宿の商業空間の壁に人影を描いたクラブ〈カッサドール〉が誕生する。倉俣のプロデュースで実現したものと思われる。

高松は、クラブ〈カッサドール〉が掲載された『インテリア』（一九六七年九月号）に「不在性へのデザイン」というタイトルの原稿を寄せている。

> われわれをとりまく事物、われわれ自身、さらには、知っているかぎりでの空間的遠方や、時間的過去、予測しうるかぎりの未来、それらの認識がよりダイナミックな破壊と運動を開始し、未知を、ただ単に既知に転化するのではなく、未知という、認識の不可能性を拡大すること。そういうときにだけ、われ

＊伊坂芳太良　1928-1970　イラストレーター。〈エドワーズ〉〈オリベッティ〉〈PARCO〉などの広告を手がける。

＊三木富雄　1938-1978　人間の左の耳をモチーフにした作品を数多く制作した彫刻家。

＊マルセル・デュシャン　1887-1968　20世紀の美術にもっとも影響を与えた作家。コンセプチュアルアートなど現代美術の先駆けとも見られる作品を手がけた。

われは充実でみたされるにちがいない。（現在一般化しているグッドデザインの考え方は、ほとんどの部分で「倦怠」の方にくみしているように思われる。）

最後に、美術側からのデザイン批評を加えているが、このクラブ〈カッサドール〉で高松自身が描いた壁の影画についてはここではいっさい触れていないが、*赤瀬川原平の〈模型千円札〉にも触れ、「その知覚をこえて膨張し、非実在化している物体の、あじけない紙きれとしての実在性であった。認識の不可能性を意味している。あらゆるものであるということは、同時にそれ自身、何でもないということである。（読者よ！〃通貨の交換価値とデザインや芸術と、どう関係があるのか〃などといって、想像力の貧困を暴露しないように。）」とも書いている。

一九七一年（昭和四六）年に、倉俣が設計した〈カリオカビルディング〉（東京）と〈エドワーズ大阪支社ビルディング〉（大阪）が竣工している。その前年、〈カリオカビルディングの工事中の囲い〉に高松次郎が影画を描いている。現在では、周辺環境を配慮し、美化を意識した工事中の囲いが多いがその頃は、そういう発想はなく、また街のなかでは通行人が多く実際の影のようにも見え、気がつかない人が多かったのではないだろうか。倉俣の「アートをもっと街の中へ、身近にひきずり出そうという意識と目論見」は、このときすでに実現している。

美術家とのコラボレーションということでは、当時は画家宣言する前で肩書きは

＊赤瀬川原平　1937-2014　前衛美術家、作家。作家名は尾辻克彦。1963年に赤瀬川が「千円札を印刷」して芸術作品をつくったことで、前衛芸術とパロディ的作品の意味が法廷で問われた。

カリオカビルディングの工事中の囲い　高松次郎　1970

イラストレーターだった横尾忠則とも一九六七〈昭和四二〉年に行っている。倉俣が横尾に依頼したのは〈宝くじPRセンター〉の万博の宣伝用壁画で、インテリアデザインは倉俣が担当した。この横尾との仕事について、後に倉俣は次のように述べている。

あのときは全部プロセスを通行人に見せたかった。あのころ、盛んにハプニングというのがはやっていましたが、僕はどうもお金を取って舞台の上でやるのは本質的なハプニングの持つ意味とは違っていると思っていましたし、街の中で自然に起きる方が……。その意味で、横尾さんにお願いして一週間以上、描くプロセスを街行く人が見て通る。僕にとっては横尾さんにお願いした時点で終りと思っていました[07]。

一九六四〈昭和三九〉年、東京オリンピック開催中の東京・銀座の並木通りの歩道を集団で清掃するという掃除イベントが実行された。これは、ハイレッド・センター〈高松次郎、赤瀬川原平、中西夏之〉による「首都圏清掃整理促進運動」と題されたハプニングだった。その運動には和泉達、川仁宏、谷川晃一も参加している。そのやや異常とも思える集団の行為に対して、通行人は警察官も含め、若干の違和感を覚えながらも傍観して通り過ぎたという。

宝くじPRセンター　倉俣史朗＋横尾忠則　1967

倉俣は街なかで行われた、商業施設の壁に絵を描く、横尾の作業そのものをハプニングとしようとするために、あえてその作業が通行人に見えるように演出したが、（足を止めて見物する人たちはいたが）そのように捉えた人はほとんどいなかったのではないだろうか。それを意識してか、『インテリア』（一九六七年八月号）には、〈宝くじPRセンター〉（一九六七）で横尾が座って壁に絵を描いている写真を表紙に使っている。一見工事中の写真を掲載したようにも思えるが、次の号の表紙でも、クラブ〈カッサドール〉の壁に高松次郎が影画を描いている制作風景を掲載していることから、ハプニングという行為を意識的に捉え、それをアピールしたものであることがわかる。倉俣史朗は、「ハイレッド・センターが街なかで行ったハプニング」を意識していたことは間違いないと思うが、街行く人のなかで「制作プロセスそのものがハプニング」と捉えた人はいたのだろうか。

また、倉俣はインテリアデザインの仕事はもとより、アートディレクターの仕事も同時に行っていた。〈カリオカビルディング〉の工事中の囲いの影画も、高松次郎に制作を依頼している。工事が終われば取り外し、解体されてしまう。高松が影を描く過程から、その影画が街なかにあってそこを通る人たちの反応やそこでの出来事も含め、すべてがハプニングであった。その当時工事用の囲いにペンキで描かれたと思われる、高松の影画の所在が気になるのは筆者だけだろうか。

首都圏清掃整理促進運動
ハイレッド・センター 1964

空間から環境へ

一九六六（昭和四一）年に〈空間から環境へ〉という展覧会が銀座の松屋で開催された。副題に「絵画＋彫刻＋写真＋デザイン＋建築＋音楽・展」とあることからもわかるように、アートとデザインの境界を超え、さらに「デザイン分野の解体」がテーマになっていた。内田繁は「この展覧会は、一九六八年問題とも深く関わるとともに、デザインを取り巻くすべての関係に変化をもたらした、いわばパラダイムの変換を起こしたのであった。[08]」と述べている。

この展覧会の開催は、前年に開催された、*日本宣伝美術会の若手メンバー一一人による〈ペルソナ〉展、グラフィックデザインの展覧会に端を発している。同展はマンネリ化した日宣美に活気を与えるものであったが、当時の商業美術（グラフィックデザイン）界に新たな波紋をつくりだした展覧会でもあった。参加メンバーは粟津潔、福田繁雄、細谷巌、片山利弘、勝井三雄、木村恒久、永井一正、田中一光、宇野亜喜良、和田誠、横尾忠則で、そのなかのメンバーのひとり、福田が翌年も開催したいと松屋に申し出たところ、「グラフィックだけでなく、アートの若い人たちと一体化して行ったら面白い」のではということになり、まとめ役としてすでに一九五〇年代にデザインとアートの融合を試みた実験工房の主宰者でもあった瀧口

〈空間から環境へ〉展会場風景（作品名の表示はない）銀座・松屋　1966

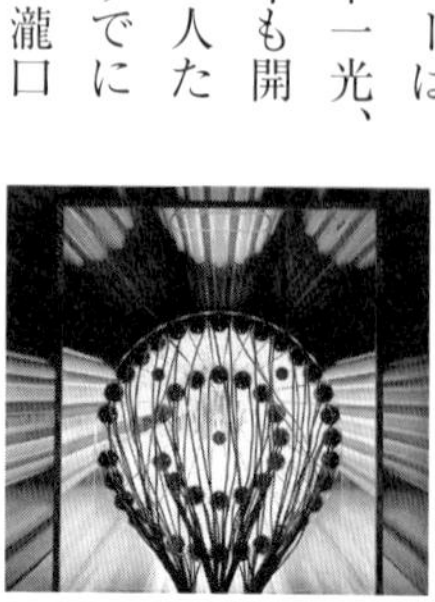

〈空間から環境へ〉展　吉村益信の作品　1966

修造に白羽の矢が立った。瀧口は若手の美術評論家の東野芳明と中原佑介を指名した。そして、グラフィック、インダストリアル、絵画、彫刻、写真、建築、批評と三五名が選ばれ、選考者の三名（瀧口、東野、中原）を加え、総勢三八名の大がかりな展覧会となった。

参加メンバーは、絵画・彫刻からは靉嘔《あいおう》、伊原通夫、今井祝雄、榎本建規、聴濤襄治、小橋康秀、坂本正治、高松次郎、多田美波、田中信太郎、田中不二、中沢潮、松田豊、三木富雄、宮脇愛子、山口勝弘、吉村益信、写真からは東松照明、奈良原一高、横須賀功光、デザインからはグラフィックが粟津潔、福田繁雄、勝井三雄、木村恒久、永井一正、田中一光、横尾忠則、インダストリアルが泉真也、伊藤隆道、戸村浩、建築からは磯崎新、原広司、音楽からは秋山邦晴、一柳慧、それに批評の大辻清司、瀧口修造、東野芳明、中原佑介も加わっていた。瀧口を除けば、四〇代が二人、二〇代が一〇人、ほかは三〇代という若手作家の集団だった。

開催するにあたって会議が開かれ、タイトルをめぐって難航していたが、雑談の席で磯崎の「ロサンゼルスの大気公害に対応してカリフォルニア大学の工学部にエンバイラメント学科が設置された」という話から、松屋側からこの《エンバイラメント》という言葉にあわせられないだろうかという提案があり、瀧口の「日本語の《環境》という言葉は新しい生命を持つからいいと思う」という判断から、展覧会のタイトルが〈空間から環境へ〉となり、主催を〈エンバイラメントの会〉とした。

＊日本宣伝美術会　山名文夫、原弘、新井静一郎、亀倉雄策、河野鷹思らによって 1951 年に結成、1971 年に解散。通称、日宣美。

当時、これだけの先鋭アーティストが集まったのは、詩人で批評家でもあり、実験工房の名づけ親でもあった瀧口修造が、中心にいたからであろう。戦後美術史に登場する錚々たるメンバーが集まっている。実験工房から山口勝弘、秋山邦晴、「具体美術協会」から今井祝雄、聴濤襄治、松田豊、「ネオ・ダダイズム・オルガナイザーズ」から吉村益信*、「時間派」から田中不二、中沢潮、「ハイレッド・センター」から高松次郎、フルクサス*という前衛芸術運動に参加する靉嘔、一柳慧らもいた。

その当時としては聞き慣れない《環境》という言葉について、二〇一三年に埼玉県立近代美術館で開催された「浮遊するデザイン――倉俣史朗とともに」と題された展覧会の図録で、橋本啓子が次のように書いている。

一九六〇年代後半に生じた美術とデザインの接近にはさまざまな要因があるが、両者をまず結びつけたのは「環境（エンバイラメント）」という新しい概念の擡頭である。これは、アクション・ペインティングやハプニングの美術が人間の身体や行為を採り込む「環境」としての性格を呈したことに由来する概念であり、美術とデザイン、建築とが互いにかかわることでそれらの境界が解体され、人間にとっての新たな「環境」が生み出されることを鼓舞した。

＊吉村益信　1932-2011　美術家。1960年に登場した過激な前衛芸術グループ「ネオ・ダダ」の発案者。

＊フルクサス　1960年代、ジョージ・マチューナスが主唱した世界的な前衛芸術運動、またその組織名。美術、音楽、詩、舞踏など広い芸術ジャンルにまたがり、日本では他にオノ・ヨーコ、小杉武久、塩見允枝子、刀根靖尚らが参加。

その概念の体言化の象徴とされたのが、〈空間から環境へ〉展であったと、橋本は指摘している。大きな時代のうねりのなかで、ターニングポイントになった展覧会であり、《環境》というテーマから、個々の作品の評価というよりは、磯崎が担当した会場構成も含め、作品全体の一体化ということでは、その評価はどうだったのだろうか。それについては、美術批評家の針生一郎が次のように述べている。

美術、デザイン、建築、写真、音楽、批評などの錚々たるメンバーが「エンバイラメント」を共通のテーマに、展覧会を企画中ときいたときには、シマッタ、ヤラレタ!と思ったものだ。わたし自身漠然とだが、あらゆる芸術ジャンルを今日の社会生活との関連で再検討する、新しい視点をさがし求めていたからである。(中略)だが、人波のごったがえす、おとなの遊園地といった感じの会場には、ノッペラボウの物たちと個々の作品の作家の顔だちとが、ごった煮のように雑居していた。[09]

なぜ、そのように針生には見えたのか。それは、従来のように作品の前に作者名と作品名を伝える表示プレートなどがなく、展示作品が錯綜していたからである。田中信太郎の〈ヤジロべー〉のように来場者の《参加》を求める作品もあったが、そこに参加した人も含め会場全体が《環境》をつくりだしていたということが、会場構成を担当した磯崎新の狙いだったようだ。それについては、桑沢デザイン研究所を卒業した年に見たという内田繁が、適確に解説している。

この展覧会は作家名と作品とを同一的に見ていくような展覧会ではなかった。（中略）作家は無名性という立場で参加し、松屋という会場全体を環境としてみるという難解な展覧会であった。（中略）それは作品が額縁の中、ステージの上に展示する、あるいは他の作品と分離して展示する、という従来の展覧会とは異なっていて、他の作品とかかわりながら作品が配置されていく、という構図である。ここで読み取れることは、モノとモノとの関係は空間の状況を通して示されるということである。この「関係」「状況」が、その後の空間デザインへの大きな示唆と経験を含んでいた。まさに空間とは状況を含んだ環境そのものである。[10]

針生は展覧会に対しては批判的であるが、彼自身も「あらゆる芸術ジャンルを今日の社会生活との関連で再検討する、新しい視点をさがし求めていた」ことから、「シマッタ、ヤラレタ！」と思ったのだろう。一九六六（昭和四一）年に、絵画・彫刻・デザイン・写真・建築・音楽の各分野の先鋭たちが、ジャンルを超えて集まり開催されたことは、世界的に見ても初めての試みだったといえる。そして、日本が「工業社会から情報社会へ」とパラダイムシフトする時期でもあり、この時期に開催された〈空間から環境へ〉展はアート史から見ても、またデザイン史から見ても重要な展覧会であった。そして、前衛アーティストたちが参加した実験的な展覧会のタイトルで使われた《環境》という言葉が、工学の領域からアートの領域へ転換したときだった。

〈空間から環境へ〉展は、一九七〇年の大阪万博へ向かうための前哨戦になっていたことは間違いない。一九六六年のこの時期、倉俣史朗は独立して仕事を始めていたが、インテリアデザイナーはこの展覧会には参加していない。商業空間を手がける《インテリアデザイン》は、まだ正式にその存在が《デザイン》として認められていなかったことがわかる。だが、多くのクリエイターが、インテリアデザインは表現の場であり、現代美術《アート》と接近していて、新しい素材やテクノロジーも含め、いろいろな可能性を秘めていることは認識していた。

日本のインテリアデザイナーは、境沢孝の証言にもあるように、六〇年代後半に《空間》の発見があり、誕生があったが、さらにその先の《環境》へと、この展覧会が建築家やインテリアデザイナーの意識を向かわせることになる。

インテリアデザインが生まれたとき

《環境》という言葉の誕生は、〈空間から環境へ〉展を開催するにあたり、瀧口修造のもとに東野芳明、中原佑介、磯崎新、山口勝弘らが集まり、デザイン、建築、アートを横断して、この言葉の概念が議論されたことが大きかったといえる。そこで《エンバイラメント》の訳語として《環境》という言葉が生まれ、タイトルは一歩進めたかたちで「空間から環境へ」になった。

だが、日本ではそれ以前にこの《環境》という言葉を世に送りだした人がいる。それは、浅田孝*で、彼は一九六一（昭和三六）年に株式会社環境開発センターを設立している。当時、《環境》という言葉はまったく聞き慣れない言葉だった。このことについて、美術評論家の椹木野衣《さわらぎのい》は次のように述べている。

してみれば、のちの「環境芸術」はもちろん、「環境問題」「環境庁」「地球に優しい環境」……これらのことばの響きと用語の起源は、浅田孝にあるというべきである。先の『メタボリズム』によれは、六〇年代なかばから環境というこことばが流行となるのは浅田の影響であるというから、エンバイラメントの会をはじめとする美術界への環境ということばの波及も、浅田に端を発するも

＊浅田孝　1921-1990　都市計画家・建築家。丹下健三のもとで、メタボリズム・グループの結成を導く。

のと考えられる。[11]

この浅田孝に大きな影響を受け、建築と都市計画と前衛美術のあいだを、環境という概念を橋渡しにして脱領域的に活動していたのが磯崎新だった。その磯崎こそ、メタボリズムの背後の浅田孝と、実験工房の背後の瀧口修造、その双方の流れを汲んで大阪万博に臨んだ建築家で、「万博芸術の時代」において、もっとも争点の多い芸術家でもあったと椹木は指摘している。

椹木の言葉を借りれば、環境という概念が橋渡しになり、脱領域が可能になり、建築、美術、音楽、写真、グラフィック、批評といった芸術・デザイン分野の解体へと導き、〈エンバイラメントの会〉が発足して〈空間から環境へ〉展と展開していった。

日本の美術界は、一九五一（昭和二六）年に東京で、山口勝弘、北山省三、秋山邦晴、武満徹らが「実験工房」を創設し、音楽と映像、絵画との組み合わせなどを試み、インターメディアの先駆となった。一九五四（昭和二九）年に芦屋で、吉原治良を代表とする「具体」が結成され、五五年に白髪一雄、田中敦子、金山明、村上三郎らが加わる。アンフォルメルや反芸術といったダダ的思想の土壌から、一九六〇（昭和三五）年に「ネオ・ダダイスト・オルガナイザーズ（赤瀬川原平、荒川修作*、風

*荒川修作　1936-2010　美術家。主な作品に〈養老天命反転地〉1995）など。

倉匠、*篠原有司男、吉村益信）」が結成され、このグループの周辺に、*工藤哲巳や三木富雄らがいた。一九六三（昭和三八）年に「ハイレッド・センター（高松次郎、赤瀬川原平、中西夏之）」が結成される。戦後の「実験工房」から「具体」「アンフォルメル」「反芸術」という流れは、一九六〇年代後半に「環境芸術」へと展開し、テクノロジーとも結びつき、一九七〇（昭和四五）年の大阪万博で頂点を迎えることになる。

美術評論家の宮川淳は、《環境》という言葉について次のように述べている。

> 作品をひとつの環境として設定し、さまざまな視聴覚的手段を駆使して観客をその中に包みこみ、新しい環境を体験させると同時に、観客の参加を作品の契機として積極的にとり入れて行こうとする、いわゆる《環境》という考え方は今日の美術の主流となりつつあるが、しかし、環境とはお祭りや遊園地ではないはずだろう。それは単に、しばしば強調されているように、従来それ自体で完結したものと見倣され、一方的に観客に見ることを強いてきた作品の相対化にとどまらず、さらに作品の非物質化、非実在化をさえはらんでいるのであり、そのはてに観念としての芸術をかいまみせている、とはいえないだろうか。

今日の美術において、環境がいよいよクローズ・アップされつつあるとすれば、それが論じられるコンテクストはここにあるように思われる。それは、ふ

＊篠原有司男　1932–　美術家。2013年有司男・乃り子夫妻の日常を綴ったドキュメンタリー映画『キューティー&ボクサー』が公開された。

＊工藤哲巳　1935-1990　美術家。鳥籠を使った〈増殖性連鎖反応〉シリーズが知られる。

クラブ〈カッサドール〉　倉俣史朗　壁画（影画）：高松次郎　東京・新宿　1967

カリオカビルディングの工事中の囲い
壁画（影画）　高松次郎
東京・銀座　1970

エドワーズ本社ビルディングのショールーム　倉俣史朗　東京・南青山　1969

エドワーズ本社ビルディングのショールーム（地階）

コーヒーショップ〈ともまつ〉 境沢 孝　東京・八王子　1971

コーヒーショップ〈ナレッジ〉
境沢 孝　東京・八王子　1968

八四頁　バー・ラジオ　杉本貴志（彫刻・若林奮）東京・原宿　1982

たたびくりかえせば、世界と歴史への観念、反世界の欲望とのディアレクティク（弁証法）である。

光・音・動き・その他さまざまな要素の導入にしても、それは美術・音楽・建築・映画といった既成のジャンルの交流と総合であるよりは、むしろそれらのジャンルに制度化される以前の未分化な根源への下降であり、むしろ観念そのものの全体として理解されなければならないだろう。[12]

六〇年代の日本の美術批評において、宮川淳の存在は大きく、「アンフォルメルが機縁となった解体作業のはてに出てきた表現の変容とみなしうるのだというように、自説をより明確にさせている」と指摘するのは、『現代美術逸脱史』の著者である千葉成夫で、彼は宮川について、著書のなかで、「宮川淳の批評は美術批評の歴史においても画期的なものだった。ほかにどんな欠点があったとしても、論理的な切り込みのするどさ、ある種のランバー（概括者）としての能力は抜群だった。なによりも批評のことばそのものが迫力と魅力をそなえていた。」と書いている。

また、千葉は「宮川淳はここが興味ぶかいところなのだが、〝反芸術〟ではなくポップ・アート、欧米のポップ・アートあるいは日本の〝反芸術〟のなかから生まれてきたポップ・アートをかんがえて〝表現行為〟そのものの意味の変容が問われるべきなのだ。」とも指摘している。日本のポップアートの作家の一角は「反芸術」

の作家で、彼らの活動を、宮川淳は「卑俗な日常性への下降」と指摘している。リ*チャード・ハミルトンの作品に代表されるように、ポップアートはイギリスが発祥地だが、ポップアートというとアンディ・ウォホール*やロイ・リキテンスタイン*の作品を思い浮かべるように、アメリカの影響を強く受けている。これは千葉が指摘していることだ。「これまでどちらかというとハイレッド・センターや日本ポップ・アートの周辺的な動向とみなされてきたものが、美術と他ジャンルとの境界領域（映画・音楽・舞踏など）に動向を含めてあげられるのではないだろうか」と述べている。

千葉のいう「他ジャンルとの境界領域」とは、デザインも含まれ、グラフィックにもその傾向が見られたと思うが、インテリアデザインでは、一九六八年に境沢孝がデザインした八王子のコーヒーショップ〈ナレッジ〉にその傾向を見ることができる。いうなれば、オブジェではなく空間で表現したポップアートである。インテリアデザインとアートの関係について、境沢は次のように述べている。

> 《シンデレラ》（一九六八）、《ナレッジ》（一九六八）の頃からプライマリー・アートやポップ・アートへのこだわり、意識というものがデザインの中に現れてきて、それが徐々にコンセプチュアル・アートへと移行していって《ともまつ》（一九七一）、《ボンネタブ》（一九七六）のようなデザインへと変化してい

*リチャード・ハミルトン　1922-2011　イギリスの画家。ポップアートの先駆者。

*アンディ・ウォホール　1928-1987　美術家。ポップアートの旗手。

*ロイ・リキテンスタイン　1923-1997　美術家。ポップアートの代表的な画家。漫画の一コマを、印刷インクのドットまで含めてキャンヴァスに拡大して再現。

コーヒーショップ〈ナレッジ〉
境沢孝　1968

きました。布で包むというのはクリスト*のそれだし、《サクソン》（一九七三）、《アウト・バック》（一九七二）はハイパー・リアリズムの影響ですね。そうしたアートとの関わり合いが自分の中に染み込んだ期間が第三の転換期といえるでしょう。この頃はアートが変化しながら進んでいく道をたどっていました。[13]

また、六〇年代のデザインとアートが錯綜し、デザイナーがアーティストから影響を受けたことについて、境沢は次のように述べている。

アート自体が勢いづいていた時代ですから、デザイナーにとって無限に影響される対照はあったわけですが、逆にアーティストからのデザインへの接近介入と言う事もしばしばあって、今までとは何か違う空間が生まれたのではないかという期待が広がっていた時代でした。[14]

山口勝弘は、『インテリア』誌にアート作品を発表しながら、〈ニューアートの店〉（一九六五）、クラブ〈フォンティーヌ〉（一九六九）などのインテリアデザインの仕事も同誌に発表している。それは伊藤隆道や伊藤隆康もそうで、隆道は「キネティックアート（動く彫刻）」を手がけながら、レストラン〈エスパー・ジロー〉（東京一九七二、京都一九七三）を、隆康は〈負の球〉（一九六八）や〈無限空間〉（一九八〇）

コーヒーショップ〈ともまつ〉
境沢孝　1971

＊クリスト　1935–　美術家。〈ヴァレー・カーテン〉〈ランニング・フェンス〉のようなプロジェクトもあるが、その多くは「梱包」で、瓶や缶のようなものから橋、建物、海岸、島まで梱包したプロジェクトで知られる。

などを手がけながらレストラン&バー〈おんぼらぁと〉(一九八〇)の商業空間をデザインしている。商業空間のデザインの仕事は、インテリアデザイナーだけでなく、その当時は彫刻家という肩書きでアーティストが、デザインの領域へと進出していた。商業空間のデザインには東孝光、宮脇檀、黒川紀章といった建築家はもとより、早川良雄、田中一光といったグラフィックデザイナーもインテリアデザインを一時期手がけている。六〇年代は商業空間のデザイン領域がまだ曖昧で、いろいろなデザイナーやアーティストが入ってきていた。そのため既成概念に囚われない自由な雰囲気があり、かつて体験したことがないアーティスティックな空間が求められた。

六〇年代の後半に登場した日本のインテリアデザイナーや、主にインテリアデザインの仕事をしていた建築家は、現代美術の影響を受けているが、それは日本の五〇年代の「実験工房」や「具体」、その後の「ネオ・ダダイズム・オルガナイザーズ」や「ハイレッド・センター」から影響を受けたというよりは、アメリカの現代美術の影響といったほうがいいだろう。それについて、倉俣史朗は次のように述べている。

むしろ、バウハウス的なデザインの動きよりも、ダン・フレイヴィン、ラリー・ベル、クリスト、ジャッド*、というアートの方に興味が強くなっていった

*ドナルド・ジャッド
1928-1994 美術家。箱型など立体作品は多くの美術家や建築家、デザイナーらに影響を与えている。ミニマル・アートを代表する作家。

し、田中信太郎や三木富雄なんかとつきあっていたのも影響しているかもしれません。[15]

一九六九年の『デザイン』誌で「倉俣史朗の世界」という特集が組まれ、山口勝弘は六〇年代の倉俣の仕事を高く評価している。そして、倉俣はコンセプチュアルデザイナーであるとも指摘している。そして、「倉俣史朗とデュシャン」について次のように、山口は述べている。

この共通点というより、倉俣さんがいかに正確にデュシャンのやり口を学びとっているかということは、これまでの彼の手がけた仕事のすべての上に明らかなのである。つまり、倉俣さんの仕事を理解し、その真髄を把みとるには、デュシャンという光源によって照らしだすことがすべてなのである。

インテリアデザインが社会的に認知されるのが六〇年代の後半であるが、それ以前は商業美術や商業デザインとして、百貨店の室内装飾部が主に手がけていたことからもわかるように、その領域は曖昧で倉俣史朗も三愛時代はグラフィックからディスプレイ、什器、内装と商業デザインに関係するあらゆるものを手がけたと証言している。現在においては、ディスプレイやインテリアデザインの棲み分けはできているが、その時代、デザイン領域が曖昧で、商業デザインにかかわっていた百貨店のデザイナーは、あらゆるデザインを担当している。
　商業空間のデザインをするうえで、これまでとは違った少し変わった内装にしたいと思ったときに、まだフリーのインテリアデザイナーが少なかった時代にあっては、多少リスクはあったとしても、美術家や造形家の未知数の創造力に期待したことは想像できる。

　六〇年代後半は、商業空間のデザインにおいて、ようやく専門にデザインするインテリアデザイナーが誕生してきた時代で、その頃は剣持勇、渡辺力、境沢孝、岩淵克輝、村田豊、松浦弾、倉俣史朗とまだ少なく、その活動内容も広く伝わっていなかったこともあり、瀧口修造を中心に東野芳明、中原佑介らが、美術、デザイン、建築、写真、音楽などの分野から作家を選んだが、〈空間から環境へ〉展にインテリアデザイナーが登場していなかったのは、まだインテリアデザインという分野が正式にデザインと認められていなかったことがわかる。

一九六八年問題

工業化社会から情報化社会へとシフトしようとしていた「一九六八年」はあらゆる分野で問題になっていると思うが、社会情勢が日本だけでなく、世界中でパラダイムが同時に移り変わろうとしていた時期だった。パリでは五月革命が起こり、エコール・デ・ボザールの教育制度解体、イタリアのトリエンナーレ占拠、ソ連・東欧のチェコスロバキア侵入、日本では学園紛争が起こっていた。現代のようなコンピュータ社会をすでに想像していたかはわからないが、アラン・ケイによってパーソナルコンピュータの概念が発表されたのも、一九六八年だった。

インテリアデザイン界においても、一九六八年は歴史に残る作品が次々と誕生した年でもある。列記すると次の通りである。

境沢孝のコーヒーショップ〈ナレッジ〉、岩淵克輝のモダンジャズ&ブース〈ダグ〉、倉俣史朗はこの年に、西武渋谷店〈カプセルコーナー〉、レストラン〈サーカス〉〈エドワーズのディスプレイ〉、黒川紀章のディスコティック〈スペースカプセル〉、浜野安宏のサイケデリックゾーン〈MUGEN〉と続いた。このとき、〈MUGEN〉をプロデュースした浜野は、「インテリア・デザイナーという専門家が手をつけていないから遊び場の革命ができたのである」と宣言している。そして、ライティング

西武渋谷店〈カプセルコーナー〉倉俣史朗 1968

や映像、音楽を主にした空間をつくるためにライティング・ディレクターに藤本晴美、壁面構成の中村シゲル、音楽構成に一柳慧らを起用している。このときすでに、マルチメディア映像やブラックライト、ネオンペイントで、ポップアートやオプアートを意識した映像でサイケデリックな空間演出を行っている。これを、浜野は「エンバイラメント・アートの実体、それがムゲン」と、当時まだ一般にはあまり聞き慣れない「環境芸術《エンバイラメント・アート》」という言葉を商業空間において使っている。「環境を売ることが全ての商売。体験の生産がこれからのプロダクト。芸術は商売。商売は芸術」とまで断言している。時代の先を読む、仕掛け人であったことは間違いない。

もうひとつ、アメリカ・ソ連による宇宙開発、大阪万博を控え、人々の意識は宇宙や未来へ向かっていた。そのためか、宇宙空間での無重力な印象を与えるインテリアデザインも数多く登場してきた。倉俣史朗の西武百貨店〈カプセルコーナー〉や黒川紀章のディスコティック〈スペースカプセル〉といった「カプセル」が流行語になっていた。

そして、黒川は〈カプセルホテル〉へと展開していった。また、最後は子供たちが好きなキャラクターやミニチュアが入った「ガチャガチャ」（別名「ガチャポン」）の透明なカプセルにいたるのではないだろうか。子供たちは、一〇〇円でカプセルに詰まった夢を買っていた。倉俣の〈カプセル〉は、『インテリア』（一九六八年八月号）には、アバンギャルドショップ〈カプセル〉というタイトルで紹介されている。西武渋谷店に設けられた。カプセル型の什器が並んだ売り場とティールームが併設されていた。薄暗いティールームは、天井から蛇のようにクネクネとしたダクトが下がり、その先に照明が取り付けられていた。椅子（スツール）は、丸座と同じ直系のスプリングがそのまま脚になり、腰かけると不思議な浮遊感を体験できた。西武百貨店のファッション館が登場するのは、もっと後のことだが、この売り場が設置されたことが重要で、それまでは百貨店のバイヤーが集めたセレクトショップが主流であったが、ファッションデザイナーごとにカプセルに展示され、この頃からファッションデザイナーの顔が徐々に見え始めてきたと内田繁は指摘する。そういう意味で、倉俣史朗の〈カプセルコーナー〉はファッション業界にとってもターニングポイントになった作品であったといえる。彫刻家の田中信太郎が協力しているが、アート的に見ると、透明なカプセルになった什器は、《プライマリー・ストラクチャー》と見ることもできる。

一九六八年の美術界では、「もの派」につながる関根伸夫の〈位相―大地〉、土方巽の〈肉体の叛乱〉などがその年に発表されている。それ以前、一九六五年の山口勝弘のアクリル樹脂と蛍光灯、金属などを使って制作された〈Cの関係〉も重要な作品であるが、三木富雄は〈EAR〉、赤瀬川原平の〈模型千円札〉が起訴されたのもその年だった。そして、一九六七年赤瀬川は第一審で、有罪判決を受ける。

Cの関係　山口勝弘　1965

建築では、一九六八年にジョサイア・コンドル*の、丸の内にあった三菱一号館が取り壊され（二〇〇九年に復元）、一方では日本初の高層ビル〈霞ヶ関ビル〉が誕生している。海外では、ハンス・ホライン*がこれまでの建築の概念を覆すかのように、「すべては建築である」という論文を書き、「ノン・フィジカル・エンバイラメンタル・コントロール・キット」（閉所恐怖症のために開発された一個のピルを呑むことで患者の環境を改善するというのが、この建築作品の目的）を発表している。それと、アーティストのワルター・ピッヒラーとの共同作品で、「携帯用居間」を発表している。これは透視ヘルメットである。この時代、まだCGによるヴァーチャル・リアリティのウェラブル端末などは実在していないが、すでにその考え方はホラインによって先取りされていた。

アメリカでは、一九六一年にクリストが〈梱包〉、一九六五年にドナルド・ジャッドは箱を等間隔に壁に取り付けた作品〈無題〉や一九六六年にはダン・フレイヴィンのネオン管を使った作品〈緑と交差する緑〉が発表された。

倉俣史朗は、ドナルド・ジャッドやダン・フレイヴィン、ラリー・ベルの影響を受けたと自ら証言しているが、それはアメリカの美術誌『アートフォーラム』（一九六六年一二月号—一九六九年一二月号）を見て衝撃を受け、即座に吸収して自分の手法に変換しているといったほうがいいだろう。一九六九年の〈エドワード本社ビルディングのショールーム〉では、床から天井まで林立させた細い透明プラ

＊ジョサイア・コンドル　1852-1920　イギリスの建築家。お雇い外国人として来日。工部大学校（現・東京大学工学部建築学科）の教授として辰野金吾ら、創成期の日本人建築家を育成し、明治以後の日本建築界の基礎を築いた。

＊ハンス・ホライン　1934-2014　オーストリアを代表する建築家。代表作に〈レッティ蝋燭店〉（1965）、〈シェリン宝石店〉（1974）など。

無題　ドナルド・ジャッド
1968

スチックチューブのなかに蛍光灯を入れ、その細い柱は棚を支えている。この柱は什器の一部で、照明という機能をもっているが、その什器全体がアート作品にも見え、ダン・フレイヴィンの作品を彷彿させる。

また、倉俣のクラブ〈ジャッド〉（一九六九）は、ドナルド・ジャッドが表現しようとしていたミニマリズムの本質を見抜き、現代アートを商業空間で実現した作品ともいえる。倉俣は、「室内はφ＝五〇ミリのステンレスパイプを積層の二重壁とし、視覚的な表現を極力取りさり素材と空間だけで整理した。フレキシビリティとは不変的な中でこそ存在するのではないかとの問でもあった。」と、作品解説で書いている。このスチールパイプの素材だけだと、無機質な倉庫のような空間になってしまうが、倉俣は床には毛足四〇ミリのシャギーカーペットを敷き、ステンレスパイプの壁に沿ってソファを置き、透明プラスチックの椅子を配置し、その椅子の座のクッション部分にだけビビッドな色を使うことで、空間を彩っている。透明な椅子の座（丸座）だけが空中に浮いているようにも見える。空間を分節するということでは、巨大な錆鉄板を使ったリチャード・セラの作品に近いともいえるが、ステンレスパイプと透明プラスチックの椅子によるインスタレーション的な空間は、田中信太郎の個展〈点・線・面〉（一九六八）からもヒントを得ているように思える。

若手インテリアデザイナーによる〈ie〉展

〈空間から環境へ〉と題された展覧会には、インテリアデザイナーはひとりも選ばれなかったが、一番刺激を受けたのはインテリアデザイナーという肩書きで仕事を始めた人たちだっただろう。それは、彼らの意識が《表層》から《空間》へ向かい始めていたときに、《環境》というさらにそこに人間が入り込み、建築の内部空間だけでなく、エクステリアさらに都市へと展開する、これまでになかった言葉によって多くのクリエイターが刺激された。現在《環境》という言葉は一般化しているが、六〇年代にあっては、まだ聞き慣れない言葉であり、地球環境へもつながる言葉で、アートの分野では《環境芸術》《アースワーク》という言葉が生まれている。建築・デザインの分野では「環境デザイン」という言葉が生まれ、未来の都市環境を創造するようなイメージをその言葉から多くの人が感じとったのではないだろうか。

それはさておき、銀座・松屋で開催された〈空間から環境へ〉展から三年後に、西武百貨店で若手インテリアデザイナーを中心とした展覧会が開催された西武ニューファーム・インテリア・ショップ〈ie〉と題された提案展だった。出展者は、安藤忠雄、安東早苗、伊藤隆道、内田繁、北原進、倉俣史朗、杉本貴志、高取邦和、田中信太郎、山中玄三郎、横山尚人の一一人で、同展を企画したのは現代構造研究所を主宰する三島彰*だった。三島は〈ie〉展の趣旨を次のように語っている。

> それぞれのルーム構成に適合するセットの考え方を捨てて、ユニットの自由な組合わせによるインテリアを尊重し、またそれらの家具はフリーフォームであったり、コンパクトであることをめざす。そこでは設備とインテリア、フォルムと機能、造型とテクニックの一体化、最小限のスペースにおける自由で、最大限に現代的な機能を内蔵した生活空間が求められている。この新しいインテリアの考え方は、そのまま明日の生活の開発そのものである。このようなインテリアに対して、われわれは国際的に通用する名前をまだ、もっていない。そこでわれわれはこれをニューフォーム・インテリアと呼びたい。ニューフォームとは形の上での新しさというより生活のニューフォームである。[16]

三島彰は渋谷西武百貨店〈カプセルコーナー〉の生みの親で、西武百貨店の婦人服部長だった。「すでに現代アートの無数の実験と手を結び、生活思想の変革をインテリア概念の変革に連動させ、その上に立って新しい方法によるインテリアの構成をめざす動きは、世界のマーケットに燃え拡がりつつある。[17]」と三島は予測している。三島は毎日新聞の経済記者のときに、当時西武流通グループ代表だった堤清

西武ニューファーム・インテリア・ショップ〈ie〉1969

*三島彰　1924-2012　西武百貨店婦人服部長を経て、現代構造研究所を設立。東京ファッションデザイナー協議会顧問、日本テキスタイルデザイン協会顧問などを歴任。

二に誘われて西武百貨店に移籍した人だった。堤は一九七五年に西武美術館（後のセゾン美術館）を開設し、現代アートのなかでも前衛作家を中心に紹介していくが、堤が目指す方向と同じで世界の現代アートの動向を見据えたうえで、インテリアや生活スタイルの方向を打ち出した展覧会だった。

提案展ではあったが、出展作品をより身近に感じてもらうために、会場は展覧会という形式ではなく、インテリアショップとしたが、個々の作品は照明器具や家具などのプロダクトで、全体として見るとインテリアオブジェの展示で終わっていたように思える。そこから、三島がいうところの「生活のニューフォーム」が見えるまでにはいたっていなかったようだ。

そのメンバーのなかに、安藤忠雄がいる。当時安藤は商業空間のデザインも数多く手がけ、『インテリア』や『商店建築』に発表していた。商業空間のデザイン、店舗設計からスタートした建築家は意外に多く、百貨店の歴史を振り返ると、一九一四（大正三）年に三越本店を横河民輔、一九三五（昭和一〇）年にそごう百貨店を村野藤吾、村野は戦後も一九五四（昭和二九）年に丸栄デパート、一九五七（昭和三二）年有楽町そごうデパートを手がけている。他にも、東孝光が一九六三（昭和三八）年喫茶店〈チェック〉、宮脇檀が一九六四（昭和三九）年〈帝人メンズ・ショップ〉、そして一九七〇（昭和四五）年の大阪万博で緊張膜構造の〈富士

喫茶店〈チェック〉東孝光　1963

グループ館〉を設計した村田豊は一九六五（昭和四〇）年クラブ〈フォンタナ〉、一九六六（昭和四一）年レストラン〈キャンティ〉を手がけ、店舗設計では六〇年代にすでに名前が知られた建築家だった。大阪万博でいえば、〈東芝IHI館〉や〈タカラビューティリオン〉を設計した黒川紀章も一九六八（昭和四三）年にディスコティック〈スペースカプセル〉、竹山実も一九六九（昭和四四）年にシューパブ〈オーツカ〉を手がけている。

多くの著名な建築家がそうであるが、デビュー当時に手がけた店舗設計の仕事を伏せているケースが多い、それは商業空間に対する偏見で、三島彰も新聞記者から小売業への転身を親戚縁者から「武士の血筋でありながら商人になるのか」と反対されたといっているが、江戸時代の階級制度「士農工商」が現代においても、日本人の精神構造の奥底にあって、偏見は今も残り、そういったヒエラルキーがまだつづいているということだと思うが、根深いものがあり、一〇〇年くらいでは人の価値観は変わらないのだろう。

しかし、二〇〇〇年代の若手建築家は、商業空間のデザインを低く見るといったような偏見はほとんどなく、逆に*レム・コールハースや*ジャン・ヌーヴェル以降に建築の世界に入ってきた人たちは、商業空間のデザインを好む人たちが増えている。日本でも*伊東豊雄、*妹島和世、*青木淳といった建築家が商業空間のデザインを数多く手がけるようになって、これまでの商業空間のデザインに対する考え方が変わり、

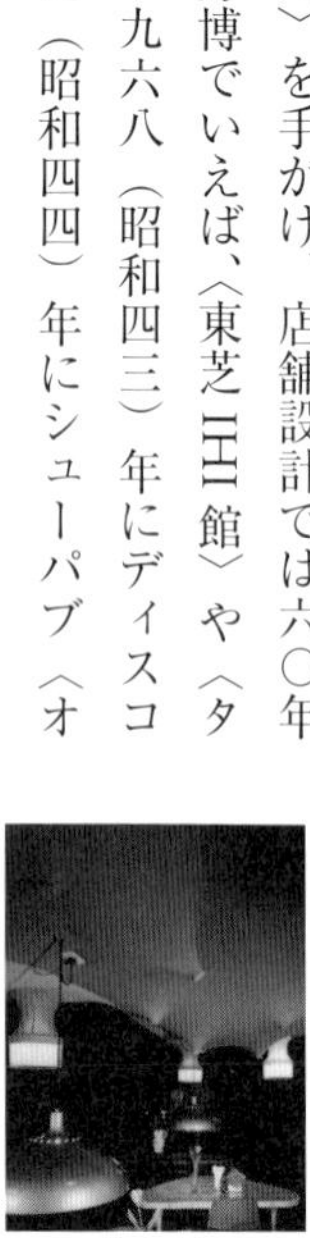
クラブ〈フォンタナ〉村田豊 1965

＊レム・コールハース 1944– オランダの建築家。主な著書に『錯乱のニューヨーク』『S,M,L,XL』など。

＊ジャン・ヌーヴェル 1945– フランスの建築家。代表作に〈アラブ世界研究所〉（1987）、〈カルティエ現代美術財団〉（1994）など。

＊伊東豊雄 1941– 建築家。代表作に〈仙台メディアテーク〉（2000）、〈多摩美術大学図書館〉（2007）など。

かつてはファッションがデザイン界では低く見られていたが、そのような構図が消えつつあるようにも思える。深層部でははたしてどうなのか、現状としてはそれを調べることは難しいが、店舗設計において建築家とインテリアデザイナーの領域が曖昧になっていることは事実であり、肩書きよりもデザイナーとしての力量が問われ、デザイン力や自分のアイデアを実現していく力がある人が評価される時代になったといえる。本当に力がある人が、最後には評価されるので、それはいつの時代もかわらないのかもしれない。

一九六四年の東京オリンピック、一九七〇年の大阪万博という社会的背景からもわかるように、建築も芸術も六〇年代半ばから七〇年代にかけてピークを迎えた。そういった状況のなかで、インテリアデザインが誕生したわけだが、六〇年代後半の建築の大型化、都市化が拍車をかけた。多くのインテリアデザイナーは、六〇年代前半までは百貨店のなかの室内装飾部に属し、その後倉俣史朗や北原進のように独立して活動しはじめる。一九六六年に松屋で開催された、〈空間から環境へ〉展はすでに紹介したが、同年〈色彩と空間〉展（南画廊、企画・東野芳明、参加者・磯崎新、五東衛、田中信太郎、三木富雄、山口勝弘、湯原和夫、サム・フランシスら）で、一九六八年の〈光と環境〉展（神戸そごう、参加者・今井祝雄、河口龍夫、篠原有司男、清水晃、東松照明、野中ユリ、山口勝弘ら）、そして、大阪万博を翌年

＊妹島和世　1956―　建築家。1995年西沢立衛とSANAAを結成。〈金沢21世紀美術館〉（2003）、〈ルーヴル・ランス〉（2013）など。
＊青木淳　1956―　建築家。〈ルイ・ヴィトン名古屋ビル〉（1999）、〈青森県立美術館〉（2005）など。

に控えた一九六九年の〈エレクトロマジカ'69〉展（ソニービル、参加者・山口勝弘、佐藤万里、聴濤襄治、ニコラ・シェフェール〔仏〕、ステファン・フォン・ヒューン〔米〕、ハインツ・マック〔独〕ら）は、テクノロジーとアートの融合を試みた展覧会だった。

磯崎新と田中信太郎は〈色彩と空間〉展と〈空間から環境へ〉展にも参加しているが、山口勝弘はすべての展覧会に参加している。磯崎は建築と都市計画と前衛アートのあいだを、環境という概念を橋渡しにして脱領域的に活動していたと前述したが、また山口勝弘もインテリアデザインと前衛アートのあいだを環境という概念を橋渡しにして脱領域的に活動していたことは見落としてはならない。「環境芸術」とテクノロジーの一元化を試みていたひとりだが、山口勝弘の視点が重要で、『インテリア』誌がアートとデザインと両方の視点でインテリアデザインを捉えることができたのも、山口のこれまでの功績によるところが大きい。

1970年代　インテリアとファッションのコラボレーション

六〇年代のアートシーンが反映したインテリア

一九六〇年代のアメリカは輝いていた。

時代が生んだヒーローがいた。ジョン・F・ケネディ、キング牧師、マリリン・モンローらがいた。そして、政治・社会が激しく揺れ動いた時代でもあった。核実験停止条約、北ヴェトナムの政権転覆をはかるアメリカの政策、ケネディのベルリンの壁訪問、深刻化する中・ソ間の亀裂、キューバのミサイル危機。公民権運動、大学紛争、ヒッピーの登場、ケネディ大統領の暗殺、デトロイトの人権暴動、キング牧師の暗殺、ヴェトナム戦争拡大、反戦運動、宇宙飛行士の月面着陸など、激動の時代であった。

アートの分野では、戦前はニューヨーク・ダダの中心的人物と見なされたマルセル・デュシャンが、二〇世紀のアートにもっとも大きな影響を与えたといわれる。彼はコンセプチュアルアート、オプアートなど現代アートの先駆けとも見なされる作品を手がけた。戦後はジャクソン・ポロックに代表されるアクションペインティングと呼ばれる抽象表現主義から始まる。六〇年代はポップアートの時代であり、サイケデリックという言葉も流行ったが、ミニマルアートも誕生して、建築・インテリアデザインにもその影響が見られた。山口勝弘は日本のアートとデザインの状況を次のように語っている。

芸術はこれら大衆的な文化現象に強く影響を受けていた。当然、工業社会として世界的水準を目指していた日本は、高度経済成長の途上にあり、都市は新しい消費経済の市場を形成しつつあった。教条的なデザインから、光と色と音の渦巻く環境を求めていた。万博で実現するはずの環境やインターメディア的な演出を、いちはやく都市の商業空間の革命に選びたかったのは、新しい企業家たちであった。一九六六年以降、インテリアデザインの代表的な作品が登場してきたのは、すべてこのような時代の共通感覚がパラダイム化したからである。[01]

そして、その時代に登場してきたのが、浜野安宏のサイケデリックゾーン〈MUGEN〉、黒川紀章のディスコティック〈スペースカプセル〉、倉俣史朗のクラブ〈ジャッド〉などだった。

一九六〇年に東京で開催された「世界デザイン会議」、その開催にあたり丹下健三のもとで新たな建築運動のチームが結成された。それが「メタボリズム一九六〇」で、メンバーは川添登、大高正人、菊竹清訓、槇文彦、榮久庵憲司、粟津潔、黒川紀章だった。一九七〇年に開催された大阪万博は、またメタボリズムのメンバーがほぼ全員、企画・プロデュース・設計にかかわり、活動の頂点でもあった。万博のマスタープランは西山夘三と丹下健三、〈エキスポタワー〉を菊竹に、ストリートファニチャーと乗り物のデザイン監修を榮久庵に、人工土地の交通ノードの設計を大高に依頼した。そして、黒川は独自に二つの企業パビリオン（〈タカラ・ビューティリオン〉〈東芝IHI館〉）の設計を受注している。

丹下は、磯崎新を巻き込み、構造の坪井善勝や川口衞らと組んで、万博の中心的存在である〈大屋根〉と、その下に広がる〈お祭り広場〉を設計している。また川添も、〈お祭り広場〉のプロデューサーで、〈太陽の塔〉の作者であった岡本太郎から、〈大屋根〉のスペースフレームのなかで展開される〈空中テーマ館〉のキュレーションを依頼されていた。

メタボリストたちは、「世界デザイン会議」が目的で結成されたが、その一〇年後の大阪万博で、彼らの理念やアイデアは見事に反映された。それは、メタボリストたちだけではなく、〈富士グループ館〉の設計を担当した村田豊や〈三井グループ館〉のプロデュースを担当した山口勝弘らのように、商業空間やアートで実験を繰り返していた彼らにとっても頂点を極めたときだったといえる。

大阪万博の入場者数は六カ月で六四〇〇万人（一日平均三四万五〇〇〇人）で、予想を上回り、成功裏に終わったが、芸術家らの国家イベントへの動員は文化・芸術界内部で批判もあった。一九七〇年に予定されていた日米安保条約改定に関する

〈富士グループ館〉村田豊
1970

議論や反対運動（七〇年安保闘争）を大イベントで国民の目からそらすものだとして、大学生らによる反対運動も行われた。

丹下健三のもとで、〈大屋根〉の装置類、二基のロボットを設計した磯崎は、大阪万博について次のように述べている。

日本万国博覧会に関していえば、ほんとうにしんどかったという他ない。こんな反語的表現しかできない程に、ぼくは五年間にわたって、渦中におかれた。まるまる五年間といえば、この本（『空間へ』）の半分の時間に亘っている。にもかかわらず、万国博協会が発行した文書に計画を説明するために匿名でかいたもの以外まったくない。あまりに深みにはまりこみ、批評が不能だったせいもある。

いま、戦争遂行者に荷担したような、膨大な量の疲労感と、割り切れない、かみきることのできないにがさを味わっている。おそらくそれは当初から荷担し、途中で心情的に脱落しながら、脱出の論理を捜しえずに、遂におもてむきの義理をはたすため、最後まで関係を保ちつづけたという事実によるところはあきらかだ。[02]

多くの建築家、デザイナー、アーティストがこの大阪万博に設計やディレクターとしてかかわっていた。インテリアデザイナーでは倉俣史朗や内田繁、アーティストでは山口勝弘、高松次郎らもいたが、磯崎と同じ気持ちだったのではないだろうか。国家イベントとしてのお祭り騒ぎが終わり、一方で戦争遂行者に荷担したような気持ちがあり、七〇年代に入って大阪万博にかかわった人たちが、帰還兵のように口を噤んでしまったのはそのためではないだろうか。それは多分メタボリストたちも同じではなかったかと思うが、黒川紀章は〈タカラビューティリオン〉で見せたカプセルの発展系として、すぐにカプセルホテル*や集合住宅へ展開していった。

*カプセルホテル　設計は黒川紀章。大阪万博で〈カプセル住宅〉を展示していたことから、大阪でサウナなどを経営していた会社が黒川に依頼した。

デザインとして認められた商業空間の仕事

倉俣史朗と内田繁の会話で、倉俣が内田に「商業空間だってデザインだよな!」といったことが、インテリアデザインの状況を一変することになったと内田は回想していたが、それは当時、商業空間のデザインは不純なものと考えられ、デザインの対象とはカウントされていなかったからだという。インテリアデザインというジャンルが六〇年代後半に確立され、七〇年代に入って「デザイン」として認識されるようになったのは、やはり六〇年代後半に彗星の如く現れた倉俣史朗の存在が大きかったといえるだろう。

そして、倉俣が一九七二年に、「商業建築における一連の家具とディスプレイ」で、毎日産業デザイン賞を受賞する。それは、インテリアデザインが誕生したばかりで、商業施設の内装を手がけているデザイナー、当初はディスプレイとインテリアという言葉を混同して使われていたこともあると思うが、境界が曖昧でそのようなジャンルをどのように扱っていいか、審査側もわからなかったのだろう。だが、初めてのインテリアデザイナーの受賞によって、商業空間の仕事もデザインであることを多くの人に知らしめることになる。

倉俣の実質的なデビュー作である一九六七年のクラブ〈カッサドール〉から、一九七一年までの間で、〈エドワーズ〉（一九六七）や〈エドワーズ大阪ショールーム〉（一九七一）ではディスプレイの仕事も行っているが、そのほとんどはインテリアデザインの仕事である。〈エドワーズ大阪支社ビルディング〉や〈カリオカビルディング〉では、インテリアだけでなく建物の外観も倉俣がデザインしている。受賞内容が「商業建築における一連の家具とディスプレイ」で、この「ディスプレイ」には商業空間の内装や什器のデザインなども含まれている。ところが、家具作品だけを振り返って見てみるとクラブやレストランのために椅子やテーブルのデザインもしているが、この時期に集中して家具デザインを手がけている。

一九六七年の〈Furniture with Drawers Vol.1 #1-4（引出しの家具）〉、一九六八年の〈Plastic Wardrobe（プラスチックの洋服ダンス）〉、〈Plastic Wagon（プラスチックのワゴン）〉、〈Pyramid Furniture（ピラミッドの家具）〉、〈Spring Chair（スプリングの椅子）〉、〈Drawers（引出し）〉、一九六九年の〈Luminous Chair（光の椅子）〉、〈Luminous Table（光のテーブル）〉一九七〇年の〈Furniture in Iregular Forms（変型の家具）Side 1, Side2〉、〈Chair-Wall（壁の椅子）〉、〈Furniture with Drawers Vol.2 #1-8（引出しの家具）〉、〈Steal Furniture "Dinah"（スチールの家具"Dinah"）〉、〈Revolving Cabinet（廻転キャビネット）〉、〈Chair with Slender Legs（細い脚のイス）〉、〈Spring Table（スプリングのテーブル）〉、〈Red Cabinet（赤いキャビネット）〉と、依頼されてつくった家具もあると思うが、その多くが倉俣が自らデザインしたものである。それについて、倉俣は次のように述べている。

私にとって、〝売上〟に対する〈読み〉が職能意識として無意識のうちに働くことは、一つの恐怖ですらある。その点、家具を創ることは、自分の思考の原点において確認するための手段となっている。（中略）最小限の要素で単純化することにより、商品や人間と空間とのかかわり合いを明確にすることができ、本来の意味での機能性と合理性への手掛かりができるのではないかと思う。機能性に対するまちがった位置づけのために、人間は逆にそれらのものに支配

〈Plastic Wardrobe（プラスチックの洋服ダンス）〉倉俣史朗　1967

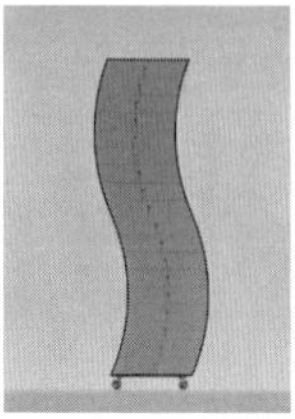

〈Furniture in Iregular Forms（変型の家具）Side 2〉倉俣史朗　1970

されているのではないだろうか。[03]

倉俣がこの時期に集中して家具をデザインしたのは、「自分の思考の原点においで確認するための手段」だったとはいえ、クラブ〈カッサドール〉、〈宝くじPRセンター〉、〈西武百貨店カプセルコーナー〉、クラブ〈ジャッド〉、〈エドワーズ本社ビルディング〉、メンズショップ〈マーケットワン〉、レストラン〈サーカス〉といった商業空間のデザイン、インテリアデザインの仕事と併行して行ってきたことは驚きである。前述した家具の仕事があったから、倉俣史朗のインテリアデザインの仕事もあわせて評価されたと思えるが、この時期、「倉俣史朗と多くのインテリアデザイナーが積極的に商業空間を利用して、いわばゲリラ活動的にデザインを始めた。この状況は多くの意味において〝インテリアデザインの自立〟を促進させることになった。[04]」と内田繁も語っているが、やはり倉俣の受賞が大きかったといえる。

だが、倉俣本人は「毎日産業デザイン賞」という賞の名前に違和感を覚えていた。自分がやっていることはデザインではあるが、「産業ではない」という思いがあったからだ。

一九七六年から賞の名前が「毎日デザイン賞」にかわり、その第一回の受賞者が三宅一生だった。これは「三宅一生の衣服デザイン活動」が評価されての受賞であるが、ファッション分野では初めての受賞であり、ファッションも、グラフィックやプロダクトなどと同等のデザインであることが認められた瞬間であり、当時毎日デザイン賞選考委員だった磯崎新は、「野生の思考——三宅一生の活動は文化領域の事件であったということ」という原稿を「毎日新聞」(一九七七年一月二六日)に次のように書いている。

毎日デザイン賞は、選考委員の顔ぶれが一新したと同時に、まえまえから懸案になっていた賞の名前が問題になった。(中略)「産業デザイン」から「産業」を取り去ることは、かなり決定的な転換である。いまでこそ「産業」と「デザイン」は別個に考えられるのだが、その発生を歴史的にみると、分かちがたい関係にあった。デザインは、近代の産業社会が、自ら生産する物品にかたちを与えることから始まっている。生産、流通の両過程にまたがって、そこにあらわれる商品をあつかうのがデザインだったからで、究極的には産業社会に奉仕するものであった。(中略)いまやデザインは自立をはじめたというべきだろう。技術領域・経済領域とのかかわり合いをこえて、文化そのものを指向しはじめている。これは、かつてクラフトからいわゆる美術工芸が生まれ、ついには美的鑑賞の対象になったのは類似の現象ともいえるが、デザインはもっと多方面にわたり、いまや、現代文明の資格領域のすべてをおおうような広がりに向かって離脱しつつある。

デザインが産業に従属していた時代が終わり、自立を始めた最初の受賞が、三宅一生で、彼の衣服デザイン活動に対して、その賞が贈られたということは、歴史的にも画期的な出来事であり、事件であった。それについて磯崎は「三宅一生の活動は文化領域の事件であった」という。磯崎が指摘するように、「衣服は他領域よりも早くからデザインという言葉に親しみ、これを大衆化する役割をしてきたにもかかわらず、プロダクト、グラフィック、建築、都市までが一貫したデザインの理念によってとらえうるようになったときには、いつもその対象からはずされていた」ということも事実であり、その時代はまだヒエラルキーが存続していた。

それはインテリアデザインにおいても同じで、「商業空間のデザインは不純なものと考えられ、デザインの対象とはカウントされていなかった」という、内田繁の証言からもわかる。ファッションはインテリアよりもさらにその下に位置していたのではないだろうか。

そして、三宅一生はこの受賞に続いて、一九七七年に西武美術館で「一枚の布*（Issey Miyake in Museum）」というタイトルのショーを開催しているが、日本の美術館でファッションのイベントが行われたのは初めてのことであり、これも画期的な出来事であった。

三宅一生について、もうひとつ特筆すべきことは、前述した一九六〇年に東京で

＊一枚の布　1973年、〈Issey Miyake 秋冬コレクション〉でパリ・コレクションに初参加。一枚の布を身にまとうことで完成する衣服およびそのコンセプト。

開催された「世界デザイン会議」のとき、三宅は多摩美術大学の図案科の学生だったが、「WoDeCo（世界デザイン会議）には、デザインの全分野と記されているにもかかわらず、何故服飾デザインが含まれていないのでしょうか！　私には理解できません。衣服というものが生活とどれだけ大きなつながりをもっているかなどということは、今さら言うまでもないことです。この点に関して委員長の御意見をお聞きしたいのです。」という抗議文を委員長の坂倉準三あてに送っている。その当時大学にはファッション科はまだなく、ファッションデザインを志向する二二歳の学生だった。

現代アート・現代衣服の研究者である小池一子は、倉俣史朗と三宅一生について次のように述べている。

デザインの世界の中で倉俣さんにしても三宅さんにしても、社会に目にものを見せてやるという反骨精神があり、その共感が二人を結びつけていた。アンチエスタブリッシュメント（反体制）で、今までなかった領域の創造とか、これまでの社会通念にはない見せ方とか、見え方というものを提示し、時代を切り拓くということでは無言のうちに深い共感があったのだと思うんです。[05]

一九七〇年代には、倉俣史朗と三宅一生の運命的な出会いから多くの作品が生まれる。「いまやデザインは自立をはじめたというべきだろう。技術領域・経済領域とのかかわり合いをこえて、文化そのものを指向しはじめている。」と磯崎は指摘している。そして、ファッションデザインの自立へと、デザインの他領域に強烈な刺激を送り込んだと三宅の衣服デザインの活動を高く評価しているが、これは倉俣の商業空間のデザイン活動においても同じことがいえる。今日一貫したデザインの理念として、インテリアデザインもファッションデザインも捉えうるようになったことは、この二人の功績が大きかったといえる。分野は異なるが、二人の活動が受賞したことは、「文化領域の事件」であった。

倉俣史朗という「引力」

倉俣史朗は、「重力」や「引力」という言葉を口にする。それついて、『インテリア』（一九七四年二月号）での山口勝弘は、倉俣との対談で次のように語っている。

山口：「倉俣語録」というのがあるんですね。

倉俣：そうですか。
山口：自分の作品に説明を書いているのですが、語録的なものですね。わりに論理的に説明をしないで、パッと短い言葉とか単語みたいなもので通じさせようとする。あれは『インテリア』（一九七三年五月号）に出た言葉だと思うんですけれども、「重力」というものを考えているんだという話が出てきた。デュシャンが重力というものに強い意識を持っていたわけなんですね。倉俣さんも、日本のデザイナーのなかではいつもシュガー・デザイナーではなくて、辛口のデザイナーで、しかもデザイン自体もそういう感じがするし、生き方もそういう感じがする。倉俣さんはどうもコンセプチュアル・デザイナーという感じの仕事の展開があるような気がするんです。重力の話に戻ると、重力という言葉について、倉俣さんはどのように考えているのですか。
倉俣：今のところまったく未解決なのですが。
山口：言葉だけあるわけ。
倉俣：言葉だけというより、肉体以外の部分での知覚みたいなものかもしれない……。

廻転キャビネット　倉俣史朗　1973

山口が「倉俣語録」といったのは、倉俣が『インテリア』（一九七三年五月号）で〈廻転キャビネット〉を発表した際に書いた原稿のことだった。それを抜粋しておく。

あらためて考えなおしてみると、地球上の物体全てを支配下に抑えているものは引力であり、当然のことだが単に物理的にだけでなく、イデオロギーも含めて全て支配しているという意味においてである。（中略）最小限のシステム、要素、透過性、非物化または極から極への限定の移行の中で、非意識化においても且つ抗していたのは、幼児的な発想だと一笑されるかもしれないが、〈引力〉ではなかったかと思う。

たしかに、山口勝弘が指摘するように、倉俣の言葉から彼が意味する真意を理解することができない。ただ、倉俣作品において「引力」はすべての彼の作品において重要な意味をもち、さらに、「浮遊」や「透明」という言葉とも関連している。また、倉俣は作品を雑誌等に発表しても、その作品について解説することはほとんどなく、子供の頃の記憶について書いていることが多い。

この「倉俣語録」や倉俣作品が「引力」をもち始め、倉俣の磁力に引き寄せられたのは、批評の多木浩二*、美術批評の東野芳明、近代建築史の長谷川堯*といった人たち、デザイナーでは北原進、内田繁、杉本貴志、河崎隆雄、北岡節男、桑山秀康、沖健次、近藤康夫、韓亜由実、榎本文夫、五十嵐久枝ら、そして吉岡徳仁もそのひ

＊多木浩二 1928-2011 批評家。主な著書に『生きられた家』『眼の隠喩』『「もの」の詩学』など。

＊長谷川堯 1937- 建築史家。主な著書に『神殿か獄舎か』『建築―雌の視角』『都市廻廊 あるいは建築の中世主義』など。

とりである。戦後のインテリアデザイン史という大きな流れのなかで考えると、剣持勇、倉俣史朗、その次が吉岡徳仁ではないだろうか。

倉俣史朗と吉岡徳仁との接点は、ごく短い期間だが吉岡は、桑沢デザイン研究所を一九八六年に卒業後、一時期倉俣の門下に入った。倉俣の仕事に取り組む姿勢やものつくりの方程式を盗むには吉岡にとっては十分な時間であったように思える。その後、吉岡は倉俣の紹介で一九八七年に三宅デザイン事務所に入り、三宅一生のもとで展示会やファッションショーの空間構成などを手がける。

剣持勇は、まだインテリアデザインという領域が存在しない時代から活動を始め、丹下健三が設計した〈香川県庁舎〉（一九五八）や〈ホテル・ニュージャパン〉（一九六〇）の室内設計など、主に公共建築を中心に手がけてきた。それに対して、倉俣史朗は六〇年代後半から小規模な店舗（飲食店やブティックなど）の設計から仕事を始める。二人に共通することは家具のデザイン、それも椅子を数多く設計していることだ。椅子は、どのような場所でどのように使われるか、空間との関係によってそのデザインが異なるが、剣持が商工省工芸指導所時代にブルーノ・タウトから指導を受け、人間工学なども取り入れ「規格家具」を考案し、量産を前提にした日本独自の椅子をデザインしている。

それに対して倉俣史朗は、剣持とは逆に〈引出しの家具〉（一九六七）、〈変型の

ホテル・ニュージャパン
剣持勇　1960

家具SIDE2〉（一九七〇）、〈How High the Moon〉（一九八六）、〈ミス ブランチ〉（一九八八）など少量生産の家具で、どの家具も製作には職人の高い技術力が要求され、量産されることを前提にデザインされたものではなかった。そのほとんどが概念的な家具といっていいだろう。

そして「なぜ、透明な素材を使って家具をつくるのか」という長谷川堯の問いに対して、倉俣は「引力」だと答えている。倉俣がいう「引力」は単純に物理学や力学上の問題だけではなく、それはマルセル・デュシャンのいう、コンセプチュアルアートやオプアートに通じる理念が含まれている。そして、倉俣作品を理解するうえで重要なキーワードといえる「透明」や「浮遊」も、「引力」に抗って表現するための構成要素であり、表現手段であるともいえる。

スタンリー・キューブリック監督の映画「二〇〇一年宇宙の旅」で、フランス人デザイナー、オリビエ・ムルグがデザインした〈Djinn〉シリーズのソファが使われていた。回転する宇宙ステーションのチューブになった白い空間（湾曲した床）にムルグの赤いソファが置かれていたのは印象的だった。宇宙船が回転することで重力をつくりだしていたが、宇宙空間のような無重力の環境では、体を固定させるような装置は必要だが、椅子のように人間の体を支える家具は必要なくなる。つまり、椅子をデザインするうえでも、引力との関係でデザインするというところに行

引出しの家具　倉俣史朗　1967

「二〇〇一年宇宙の旅」S.キューブリック監督　1968

きついてしまったようにも思える。いずれにしても、倉俣語録は詩的で、自分への問いかけであり、謎を含んだ倉俣の言葉に惹きつけられる。倉俣史朗が惑星の中心にいて「磁力」を放ち、「引力」をつくりだしていたように思える。それによって、日本のインテリアデザイナーや建築家だけでなく、倉俣の友人であった田中信太郎、*エットレ・ソットサスを始め、*フィリップ・スタルク、*ジョン・ポーソン、*ジャスパー・モリソンなど世界中のデザイナーが惹きつけられ、倉俣が亡くなった後でも彼の作品集などを通して影響を受け続けている人たちは少なくないだろう。

小説家の平野啓一郎は、『かたちだけの愛』（二〇一〇）という小説を書いているが、その小説のなかで、主人公のデザイナーが倉俣史朗について語るシーンがある。平野は倉俣作品のなかでは、〈ミス ブランチ〉がもっとも印象に残っていると語っていたが、小説を書くうえで倉俣作品からインスピレーションを受けたことは間違いない。倉俣史朗のデザインが、世代やジャンルを超えて影響を与えていることにあらためて驚く。現在、倉俣が手がけた店舗などのインテリアデザインの仕事はほとんど残っていないが、彼の作品は写真や映像、作品集というメディアを通して、いまだに「磁力」を放ちつづけている。

*エットレ・ソットサス　1917-2007　建築家、デザイナー。前衛デザイングループ「メンフィス」を結成したことでも知られる。

*フィリップ・スタルク　1945-　デザイナー。日本では〈アサヒビールスーパードライホール〉を設計。

*ジョン・ポーソン　1949-　ミニマルデザインを代表する建築家。

*ジャスパー・モリソン　1959-　家具から交通機関まで多岐に渡って手がけるプロダクトデザイナー。

ミス ブランチ　倉俣史朗
1988

倉俣史朗による倉俣史朗

一九七七（昭和五二）年に、東野芳明がゲスト・キュレーターを務めた、「見えることの構造――六人の目」と題された展覧会が、西武美術館で開催された。宇佐美圭司、河口龍夫、倉俣史朗、斎藤智、島州一といった五人のアーティストを東野が選んでいる。そのなかに、なぜ一人だけアーティストではなく、インテリアデザイナーの倉俣を選んだのだろうか。倉俣を選んだ理由を次のように述べている。

倉俣史朗は、この中では、通常デザイナーとよばれる人種に属するが、倉俣が、あくまで〝用〟という生活の時限に固執しながら、〝見えない領域〟に大胆な橋をかけようとする姿勢は独特である。椅子、棚、引き出しといった日常の物体が、強力な接着剤で結合された硬質ガラスで作られると、それは生活そのもののなかにひそむ、見えない透明な闇でじかにひとびとの中に誘発してしまう。その「見えない椅子」に坐ろうとして、ぼくらは、見える椅子という安全弁で支えられていた日常の亀裂をかい間見ることになり、坐るという行為の意味、あるいは無意味について考え込むという仕掛けにとらえられる。しかも、この椅子は、坐ることを拒否した椅子ではなく、優れたデザインの安全な椅子なのだ。倉俣史朗の世界には、いわば、生活という風俗の次元から芸術を逆撃ちし、活性化しようという陰謀がある、といえまいか。[06]

「六人の目」の六番目は東野本人であるが、五人のアーティストを選んだ東野の目も含まれている。このときに倉俣が出品したのが〈硝子の椅子〉(一九七六)、〈硝子の棚〉(一九七六)などで、一九七六年に透明なガラス専用の強力な接着剤が開発され、それができたことを三保谷硝子の三保谷友彦が伝えると、倉俣はすでに頭のなかにあった図面を三〇分で描き起こし、手渡したという伝説的な話がある。それが〈硝子の椅子〉であり、これに最初に腰掛けたのが石岡瑛子で、もしかしたら割れるのではないかと恐る恐る座ったという。

このときに一緒に出品した作品に〈記憶の手術台〉(一九七七)がある。二つの白い木の箱を、あいだを開けて置き、その上に湾曲した細長い硝子板を太鼓橋のように渡したものだが、その意味ありげなタイトルからは、デュシャンをどこか意識しているようにも思える。この倉俣の〈記憶の手術台〉という不思議なタイトルと関連した言葉が、「倉俣語録」のなかにある。

とはいうものの、さてこの店舗にしても、確たる方法論とてなく、詭弁的解説の筆も進まず、いまだにもって、自分の肉体のみを信じ、幼児体験から脱皮

硝子の椅子　倉俣史朗
1976

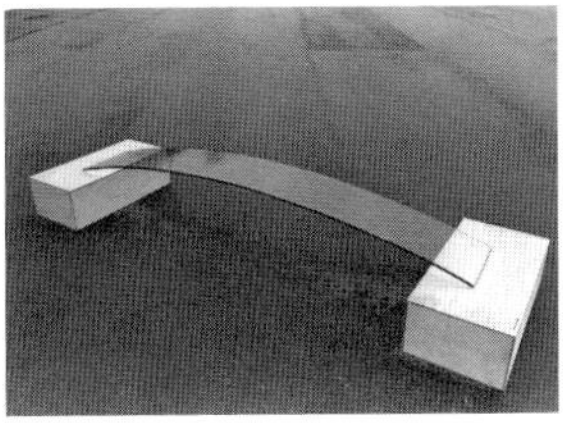

記憶の手術台　倉俣史朗
1977

が出来ず固執を糧といたし、その意味におきましては、室内空間とは自分にとって〈記憶の手術室〉なのかもしれません。

〈わが解体〉ならぬわが手術を続け、既成化される概念からはなれ、権威、権力からも遊離し、軽く、より軽く。不純の中にこそ真理があると。透明に、より透明に。[07]

山口勝弘がいうように、倉俣は理論的に説明しないで、パッと短い言葉とか単語みたいなもので通じさせようとする。意味を理解しようとして読んでいるうちに惹きつけられ、倉俣の引力圏内に引き込まれている。横尾忠則は、倉俣について「あちこちで何回か彼と会う機会があったが、その都度、弱気な口調で〝ボクは、文章が下手なんですよ。考えていることがうまく説明できないんですよ〟と、文章のことばかり話すのだ。（中略）〝そしてボクには思想がないんですよ〟これも以前から何回も聞かされた。この、思想がないということと、文章が書けないという二つのことを彼は武器にしているのかも知れない。[08]」と書いている。また、「頭でっかちの理屈屋をあざ笑ってるかのようにホイホイと沢山のディスプレイをこなしていく。そのどれをとっても深刻な創造の苦労を見せていない。[09]」とも。倉俣は手品師のように決して手の内を見せない。自分の作品についてコメントを求められたときに、倉俣は作品についての解説原稿を書くことを拒んできた。横尾がいうところの「思想がないこと、文章が書けないこと」を武器にはしているが、それはコンプレックスからではなく（相手にはそう思わせておいて）、すべてが計算ずくで、倉俣が仕掛けた巧妙なトリックなのではないだろうか。

倉俣を知るうえで貴重な資料がある。それは、「倉俣史朗による倉俣史朗」で、〈Art Today '77 見えることの構造六人目〉展の図録のために倉俣が書いたものだが、彼の子供時代をたどることができる。

一九三四年、東京本郷にあった理化学研究所の社宅で生まれる。この研究所の敷地内には色々な建築・工作所・建材置場・倉庫と子供にとって絶好の遊び場であり、今もってここにのこる洋風建築は俗にいわれる原風景である。

一九四一年、昭和国民小学校に入学、第二次大戦が始まり強制的に髪を刈られる。おふくろがコールドクリームで汚れた地肌を拭きとる冷たい感触がいまだにのこるとともにいきなり裸にされた様な屈辱を感じた。棟梁の仕事場で見る建築の青写真は実に魅力的であり建築家に憧れる。漫画の模写、図面、工作のみを得意とし今もってその延長線で業とする。（中略）

一九四三年、学童疎開により沼津の知人の農家にあずけられる。親元をはなれ他人様との生活、そして野良仕事の手伝いの中で軟弱・虚勢な都会の子は少なからず変革、いや変貌した、疎開に纏わる嫌な想出がまったくないのはこの優しくしてくれた家族のお陰である。

そして、戦争中に多感な少年時代を過ごした倉俣は、『未現像の風景』（一九九一）のなかで、次のように書いている。

　空襲は月夜が多い。その夜も空襲警報の半鐘に起こされ庭に出た。煌々とした月の空を敵機が飛んで去ったのか爆音だけが遠くに聞こえた。するとシャラシャラシャラシャラシャラと美しく乾いた音色とともに細い銀紙のようなものが微風に舞い、中空で踊るように月に照らされキラキラキラキラ降ってきた。

　僕の貧困な表現力では伝えきれないが、龍の涙とでもいったらいいのかそれはなんとも美しく、異なる世界の物語のようだった。あくる日それが電波妨害用の錫箔であることを知った。

　田んぼで拾った錫箔は幅一センチ、長さ六〇センチぐらいで少しちぢれていてつるつるしていた。画用紙ぐらいの厚さで美しく光っていた。

　柿の木のテッペンにひっかかって残った錫箔は冬の夜に音もなく冷たく光っていた。（「月夜の空に銀が舞う」）

倉俣は子供のときの記憶について、「幼年期から中学くらいまでの年代の体験が、むしろその後半のものよりも相当鮮明にあることは間違いないように思う。[10]」と語っている。さらに、「たとえば軍国時代というのがあって、小学校一年からなぐられて五年で終戦になりまして、そうすると今度は大人は頭をなでた。（中略）猜疑心というとオーバーですけど、一回ゼロに戻してみないとどうもそのまま突っ走っちゃうのは不安だというのがあって、それはおそらく体験がベースになって今度は頭の働きじゃないかという気がします。[11]」と、倉俣のものつくりの原点はここにあるように思われる。

ある日匂いや音などによって記憶が甦るのは、少年期にカメラのなかで回し続け、そのまま保管されていた未現像のフィルムが現像されたものだとも倉俣は語っていた。子供の頃の戦争体験といえる、夜空に電波妨害用の錫箔がキラキラ舞う記憶が、倉俣のなかで蘇り、バー〈ルッキーノ〉（一九八七）のアルミチップを練り込んだ湾曲した壁に再現されていた。

一九五七（昭和三二）年、〈三愛ビル〉を設計した日建設計の林昌二の紹介で三愛の宣伝課に入る。グラフィックからディスプレイ、インテリアとデザインに関係するあらゆることを経験する。一九六四（昭和三九）年に松屋インテリアデザイン室嘱託となり、翌年独立してクラマタデザイン事務所を設立する。一九六六（昭

バー〈ルッキーノ〉 倉俣史朗 1987

和四一）年、田中信太郎との出会いが倉俣のなかでひとつのエポックになる。そして、「倉俣史朗による倉俣史朗」の最後は「多くの人、多くのもの、多くの友人から測りしれない多くの影響を受けた。中でもデュシャンの存在は大きく概念を変えた。一九七二（昭和四七）年毎日産業デザイン賞」と結んでいる。

倉俣史朗がこの時期に毎日産業デザイン賞を受賞したことは前述したが、インテリアデザイン界にとって重要な出来事であり、デザイン界からその存在を認められたのと同時に「インテリアデザイン」という言葉が日本語として一般に定着したときでもあった。

ファッションデザイナーとの出会い

西武百貨店が渋谷に進出し、一九六八（昭和四三）年にシブヤ西武（現・西武渋谷店）が完成する。西武百貨店は、倉俣史朗に女性服売場のインテリアデザインを依頼する。それが、田中信太郎の協力を得てつくられた、透明なカプセルの什器が並ぶ〈カプセルコーナー〉である。この〈カプセルコーナー〉が、その後のファッションデザインに多大な影響を与えることになったと内田繁は次のように述べている。

ひとつのスペースのなかに透明なカプセルのキューブが数多く配置された。カプセルのひとつひとつは一人のデザイナーのためのものであり、山本寛斎、コシノジュンコなどの多くのデザイナーの商品がカプセルに展示された。これによりカプセルを通してひとりひとりのデザイナーの特性がはじめて示された。

それ以前のデザイナーの商品はデザイナー自身のブティックへ行かない限り独自の商品を見ることは出来なかった、と同時にこの時期ブティックを持っているデザイナーは極めて少なかった。デザイナーの多くは百貨店のコーナーで他のデザイナーの商品とともに展示されていた。言ってみれば個々のデザイナーの特性を見ることは困難であった。カプセルコーナーでの試みは、その後のパルコ戦略を生み出すためのきっかけとなった。[12]

そして、一九七三（昭和四八）年渋谷に西武劇場とファッションビル〈パルコ〉が誕生する。〈パルコ〉の形式は一〇坪ほどのスペースがひとりのデザイナーの店として配置された、いわば〈カプセルコーナー〉を拡大したようなものだったといえう。このあたりから、俗にいう「西武・東急戦争」が激しくなるのではないだろうか。西武百貨店の文化戦略、とくに同じセゾングループの〈パルコ〉の文化戦略は、

CMなどのイメージ戦略に力を入れていた。

パルコは若者カルチャーやアートとクロスオーバーさせた斬新な展開で挑み、それは大きな反響を呼ぶことになる。またセゾングループ時代の斬新なテレビ広告は、ニューヨークのハドソン川を内田裕也がスーツで泳ぐといったものや、その後も上半身裸の沢田研二を使うなどしばしば話題になった。渋谷駅直結の東急系列の東横店に比べ、西武百貨店は渋谷駅から少し離れたところにあり、若い人を呼ぶ込むために、一九七三年の〈パルコ〉開店期に渋谷駅から代々木公園へ通じる緩やかな坂道を「渋谷公園通り」と、その後も井の頭通りから渋谷パルコにいたる坂を「スペイン坂」と命名するなど、渋谷の街を徐々に公園化していった。さらに記しておくと一九七五（昭和五〇）年〈パルコパートⅢ〉、一九八六（昭和六一）年〈シード館〉、一九八七（昭和六二）年〈ロフト館〉などが次々と開業している。

それに対して、東急百貨店は一九六七（昭和四二）年に本店、一九七八（昭和五三）年に〈東急ハンズ〉、翌年〈渋谷109〉、一九八九（平成一）年に〈Bunkamura〉がオープンする。さらに、二〇一二（平成二四）年には、東急文化会館跡地の再開発ビルである〈渋谷ヒカリエ〉が誕生している。

ファッションビル〈パルコ〉のように、一〇坪ほどのスペースがひとりのデザイナーの店として割り当てられると、それぞれのショップはブランドイメージを高め、維持していくために、商業空間を専門にデザインするインテリアデザイナーとのコラボレーションが必要になり、自分たちのファッションを理解して、商品価値を高めるための空間演出ができるインテリアデザイナーが求められた。
一九七五（昭和五〇）年〈パルコパートⅢ〉では、ひとつのショップを約五〇平方メートルの単位で細切りにして、各フロアに多くの斬新なショップを集積している。そこには、〈イッセイミヤケ〉〈ヨウジヤマモト〉〈コム デ ギャルソン〉〈キサ〉などが入っていた。これは、〈パルコ〉が、独自の価値規準でデザイナーを選び、渋谷にブティックの街をつくったのである。同じような広さでそれぞれのデザイナーがイメージを競い合うことで、そこに訪れる人たちは街を散歩する感覚でデザイナーの特性、考え方などの違いを見ることができた。つまり、そこで若手デザイナーも育てられたが、それと同時に客も多くの商品を見ることで、若い年齢層の客も育てられていった。
それについて、内田繁は次のように述べている。

ブティックのイメージとは、生活文化としてのイメージである。商品はもとより、どのような環境空間に配置されるかによってイメージが異なる。ここではじめて、「インテリア・デザイン」と「ファッション・デザイン」の融合が起き、その後両者が日本で、海外で、活躍する準備となった。

ブティック・イメージの変更は商品にとどまらず、生活文化も一変した。それ以前のファッション・デザイナー、たとえば森英恵などの銀座のブティックスタイルはショーウインドウを通して客に伝えていた。これはモノ重視の思考である。だがパルコに出店したデザイナーたちはショーウィンドウを否定した。モノのデザインに頼らず、店のデザインすべてを通して自身のイメージを伝えたのである。デザイナーが考える生活文化の表明が、新たな生活様式を生み出すことになった。[13]

森英恵は一九五四（昭和二九）年に銀座にブティック&サロン「ハナヱ・モリ」を開設している。ただ、森が銀座に開設した時代はまだオートクチュールの時代であり、三宅一生、川久保玲、山本耀司らのプレタポルテのブティックは七〇年代に入ってからだった。

一九七〇年前後を境として、多くの先鋭的なデザイナーは、その戦略的視点を商業空間に見出している。その第一世代が、岩淵活輝、境沢孝、倉俣史朗で、彼らを追いかけるように登場してきたのが、北原進、葉祥栄、岡山伸也、内田繁、三橋いく代、杉本貴志、高取邦和、森豪男、植木莞爾、原兆英らである。内田繁は、この次世代のなかでは、その時代を適確に捉え、次のように述べている。

彼らは独自に大衆とデザインとの共感を見出していたのである。それはイン

テリア・デザインという個別的な問題を、社会制度におけるひとつのモデルとして提示した。（中略）

インテリア・デザインが最も価値を示したのは七〇年代だろう。クライアントもデザイナーも、インテリア・デザインの社会的価値をはっきりと理解していた。だから、両者はある種の運動体のようなものだった。それは実際に新しいタイプのブティック、レストラン、バーなどを街に展開し、その新たな姿を通して生活文化・社会を示した。[14]

これは、七〇年代に見られた「インテリアデザインのゲリラ的展開」と内田はいうが、内田がいうラディカルなデザイナーたちによる側面である。ただ、間違いなく、彼らが日本のその後のインテリアデザインを牽引していった。だが、日本のインテリアデザインの傾向として、八〇年代後半のバブル期に突入する前に、イタリアの*「グローバル・トゥールズ」*「アルキミア」*「メンフィス」といったラディカルデザイン運動や建築のポスト・モダニズムの影響が見られるようになる。

日本も八〇年代に入るとファッションデザインの隆盛で、ファッションデザインの牽引がつづくもののインテリアデザインは自立の道をたどっていた。また、七〇年代からのオフィスやホテル、百貨店などの大規模開発によってインテリアデザインの領域は拡大していった。八〇年代前半にイタリアのラディカルデザインや建築

*グローバル・トゥールズ　1973　当時、『カサベラ』の編集長だったアレサンドロ・メンディーニの呼びかけで集まったイタリアの前衛デザイングループによる、建築・デザインの《反》（教育しない）学校。

*アルキミア　1979　スタジオ・アルキミアが発表した〈未完成なる家具〉が話題になる。メンバーはメンディーニ、ソットサス、ブランジらで、ポストモダンを象徴する家具となった。

のポストモダニズムが同時に入ってきたこともあって方向性を見失い、建築界と同じようにインテリアデザイン界においてもその出口が見えず、一方では低迷の時期を迎えることになる。

*メンフィス 1981 ソットサスを中心にした前衛デザイン運動のグループで、日本からは倉俣史朗、磯崎新、梅田正徳が参加した。

1980年以降　インテリアとアートの融合

倉俣史朗と三宅一生のコラボレーション

〈パルコ〉の誕生で、デザイナーの顔がはっきりと見えてきて、自分たちの衣服づくりの考え方、独自性をアピールするためには、ファッションは商品だけでなく、ブランドのロゴや包装紙や袋のグラフィックデザインと同じように、その商品を展示する空間のデザインの重要性に気づき、インテリアデザイナーとファッションデザイナーの出会いがあり、コラボレーションが始まる。

ブティック〈イッセイミヤケ From 1st〉は倉俣史朗と三宅一生のコラボレーションと思える仕事で、最初に『インテリア』誌に登場するのは一九七六（昭和五一）年八月号で、南青山〈フロムファースト〉の一階につくられた路面店でだった。一二〇〇ミリ×二四〇〇ミリのテーブルが壁から飛び出している（ストックルーム内で支えている）、テーブルという機能と同時にオブジェとして空間に提供しているものだった。当初は、アートディレクションを担当していた石岡瑛子もいて、三宅と石岡と倉俣と三人でどのようなショップ空間にするか議論が繰り返された結果、倉俣はあのデザインに行きついている。それについては倉俣のコメントがある。

友人の三宅一生からの希望は、冷たくなく、暖かな包容性に富んだ空間《ショップ》とい

ブティック〈イッセイミヤケ From 1st〉　倉俣史朗
1976

う具体的なものであり、難題でもあった。が、むしろ同質の問いかけ、思考上のデザインを望んだことではなかったろうか。

残念ながら答えうる仕事にはならなかったが、ショップ・デザインを俎上にして、石岡瑛子さん、一生氏と三人で、本音むきだしの話しが何回となくできたことは非常に意味深く有益でありました。01

その後は、『インテリア』の一九七八（昭和五三）年一月号にパルコパート2のなかのブティックが、ブティック〈イッセイミヤケ〉（黒川雅之）、ブティック〈コム デ ギャルソン〉（タカミデザインハウス　河﨑隆雄）、靴店〈タカダキサ〉（内田繁）と一緒に掲載されている。その時代、パルコが送った「女の時代」というメッセージが大きかった。女性の社会進出という状況も背景にあったが、イラストレーターの山口はるみの「グランバザールの広告」、アートディレクターの石岡瑛子によるイメージ戦略は、アジア、アフリカの女性を登場させ、これまでの価値観に囚われない、女性が本来もっている美を追究し、それがパルコのイメージにもなっていった。ファッションビル〈パルコ〉は全国展開していき、またパルコをまねたファッションビルが全国につくられ、同じブランドでも年齢層、性別などによって新たなブランドが生まれ、また次々と若手デザイナーによる新ブランドが立ち上がっていった。

ファッションデザイナーとインテリアデザイナーの関係が、より親密化するなかで、川久保玲のようにショップ空間のデザインにいたるまで、自分のイメージを空間化することにこだわるデザイナーもいた。ブランドと関連して、川久保は自ら椅子のデザインをするなど、一貫してデザインの独自性を追求する姿勢は〈コム デ ギャルソン〉が顧客のために発行していたPR誌にも反映していた。ショップ空間やメディアなどトータルで、ブランドイメージをつくりあげていった。八〇年代のDCブランドへと展開していく、基盤が七〇年代につくられたといえる。

三宅一生は、一九七三(昭和四八)年、「イッセイ・ミヤケ秋冬コレクション」でパリ・コレクションに初参加する。衣服の原点である「一枚の布」で身体を包み、〝西洋〟でも〝東洋〟でもない衣服の本質と機能を問う〝世界服〟を提案した。布と身体のコラボレーションというべきスタイルの確立は、一九七八(昭和五三)年発表の「Issey Miyake East Meets West」で集大成された。

三宅のあとを追うように、一九八一(昭和五六)年、川久保玲と山本耀司がパリ・コレクションに初参加する。川久保と山本の黒を基調とした服は、批評家には不評だったようだが(日本でも「カラスルック」とか「ボロルック」と呼ばれたが)、色は黒または白で、素材自体のテクスチャーをアピールしたファッションが、逆に受け入れられるようになった。

また、三宅一生のデザインは、洋服とも和服ともといった区別さえなく、刺子のような野良着とも作業着ともいえる日常の服が、ファションの世界に突然出現するといった価値観の転換を試みている。また、そのために日本の伝統工芸ともいえる、さまざまな素材や技術を活用している。コンパクトに収納できて着る人の体型を選ばず、皺を気にせず気持ちよく身体にフィットする一九九三（平成五）年に発表された代表作〈プリーツ・プリーズ〉はこれらの延長線上にある服だといえる。

一九八〇年代に日本国内で広く社会的なブームとなったのが、DCブランドである。DCとはデザイナーズとキャラクターズの略で、かつて、ファッション雑誌やデパートなどで使われていた用語である。デザイナーズは、〈イッセイミヤケ〉や〈コム デ ギャルソン〉、〈ヨウジヤマモト〉などをさすが、キャラクターズは企業の経営戦略として、企業経営者がイメージづくりから商品製作まで主導的に行い、特定のイメージ（＝キャラクター）を打ち出したもので日本固有の業界用語である。現在では、DCブランドという言葉は使われていない。

だが、DCブランド・ブームのピーク時は、松田光弘のブランド〈ニコル〉を中心に店舗をデザインしていた横田良一は、年間約三〇〇件手がけていたという。バブル期は百花繚乱の状況で、海外からも著名な建築家、デザイナー、アーティスト、映画美術のアーティストなどが集められ、バブル期は五〇〇件以上のプロジェクトが同時進行していたという。

三宅一生と倉俣史朗のコラボレーションのなかで、一九八三年（昭和五八）年、松屋銀座のブティック〈イッセイミヤケ〉は、三宅のブランドを空間で表現するということでは、ほぼ完成系に近づきつつある作品といえる。床と壁、テーブルに使われている素材は、倉俣が開発した〈スターピース〉と称されるテラゾータイルである。ガラス瓶などの屑状の色ガラスを白色テラゾーに混入し、硬化の後研ぎ出し磨き仕上げしたもので、「メンフィス」の参加作品のテーブル〈KYOTO〉をつくったときに使った素材で、家具からインテリアへと展開していった。このテラゾータイルは、同年にパリにオープンしたブティック〈イッセイミヤケ サンジェルマン〉では、床にステンレスチップ入りのテラゾータイルを使い、一九八四（昭和五九）年にニューヨークにオープンしたブティック〈イッセイミヤケ バーグドルフグッドマン店〉では、テラゾーにコカコーラ瓶を砕いた破片が混入されていた。それは、戦後アメリカのアートやサブカルチャーの影響を受け、倉俣の仕事に反映してきた、その文化的な恩恵を受けてきたことに対するいわば返礼として、アメリカを象徴するコカコーラの瓶を砕き、テラゾーに忍ばせたと倉俣は語っていた。

そのブティック〈イッセイミヤケ〉のすぐ隣りに、河﨑隆雄が空間デザインを担当したブティック〈コム デ ギャルソン〉も同時にオープンしている。こちらは、ブティック〈イッセイミヤケ〉とは対照的に、床と壁がモルタルで仕上げられ、高い天井の上から、水銀灯の冷たい光がプラットホームを照らしているが、全体的に

テーブル〈KYOTO〉倉俣史朗 1983

暗く、寂れた印象になっていた。川久保と三宅のそれは、まるで陰と陽といえるくらいショップ空間のイメージは対照的だったが、川久保のコンセプトに従って河崎は無機的でストイックな空間をつくり、そこでは商品の「質感」や「色感」を引き出すために、あえてどこにでもあるモルタルを使っている。

倉俣史朗の素材開発は、「エキスパンドメタル」を使った椅子〈Sing Sing Sing〉（一九八五）、ソファ〈How High the Moon〉（一九八六）をデザインし、その後ブティック〈イッセイミヤケ　渋谷西武百貨店〉（一九八七）では「エキスパンドメタル」を什器の棚や柱、壁と天井が一体になった天蓋のような使い方をしたインテリアへと展開している。

また、三枚合わせたガラスの真ん中のガラスだけをヒビ割れ加工したものを開発して、〈ガラスのテーブル〉（一九八六）をつくり、その後ブティック〈イッセイミヤケ　神戸リランズゲイト〉（一九八六）ではガラススクリーンとして、バー〈LUCCHINO〉（一九八七）では、カウンターの天板と手摺りにその素材が使われている。倉俣が好んで使っていたアクリルなどの素材もそうだが、徹底的に素材研究を繰り返し、素材がもっている特性を引き出し、これ以上引き出すことができないとわかったときに、次の素材開発へと移っていくが、エキスパンドメタルとヒビ割れガラスのように、開発の時期が重なり、同時に進行していくケースもあった。

ソファ〈How High the Moon〉
倉俣史朗　1987

透明アクリルのなかに色をとどめるように定着させることができたとき、飾り棚〈カビネ・ド・キュリオジテ〉（一九八九）をデザインしている。この飾り棚について、沖健次は次のように述べている。

> 「音色という言葉の透明な音の世界に色を見、感じることに魅せられる」という倉俣の感性が導き出した作品である。色という表面的なものに奥行を与え、形のないものに形を与えようとする行為について「存在しない（見えない）物を空間へ構造化するという意図、衝動はかれのデザインのなかに流れるもっとも強い欲望である」と多木浩二は指摘する。色を封じこめたアクリル樹脂は物体の領域を越えて飛翔し、エーテルで充満した空間のように、色のついた気体が液化して固まったかのような錯覚を与えてくれるのである。[02]

倉俣は、デザインにおける詩的表現を好んだが、それがもっとも表現された作品が、フランス語でネーミングされた〈Cabinet de Curiosité《カビネ・ド・キュリオジテ》〉（好奇心の飾り棚）ではないだろうか。倉俣は、初期から七〇年代の半ばくらいまでは、自分の作品に名前をつけていなかったが、八〇年代に入ると、フランス語、イタリア語、英語といろいろな言語で名前をつけている。

倉俣史朗の親友であったエットレ・ソットサスは、「多くのデザイナーの作品が

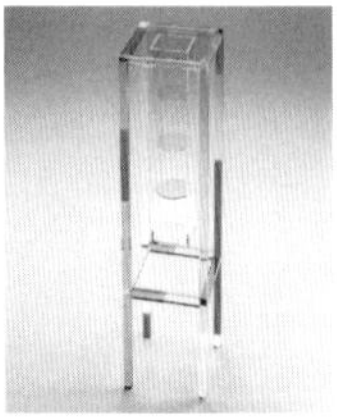

飾り棚〈カビネ・ド・キュリオジテ〉 倉俣史朗 1989

電信《テレグラム》なのに対して、倉俣の作品は俳句だった。」と倉俣が亡くなった後に語っていた。日本独自の詩の形式で最小限の言葉を紡ぎ、季節や心情、思想さらには周辺の風景まで表現されている俳句と倉俣作品を結びつけたものと思われる。倉俣作品には色や形があり、それはいつしか消えてしまうが、人の心のなかに言葉としていつまでも残る俳句にたとえたのだろう。

アートとインテリアデザインの融合

一九七一（昭和四六）年、「スーパーポテト」を主宰する杉本貴志は処女作ともいえるバー〈ラジオ〉を原宿につくる。そして、一九八二（昭和五七）年に改装された。杉本は改装プランを描くうえで試行錯誤した結果、彫刻家の若林奮*に相談した。主に鉄を使う作家で、若林の作風は、抽象とも具象とも判別がつかず、または家具とも建築のような構築物ともとれる作品もあった。また、若林が描く、スケッチは魅力的で幻想的なイラストレーションのようにも見える。犬や人間が、機械と組み合わさったシュールなスケッチもあるが、完成した作品は、木にしろ、石にし

＊若林奮　1936-2003　彫刻家。鉄、銅、鉛などの金属素材を用いて自然をモチーフとした彫刻を制作した。銅版画作品も多い。

ろ、鉄にしろ、その素材がもつ質感からなのか存在感が強く、アウラを放っているように感じる作品が多い。

若林のスケッチをもとに、杉本が空間のスケッチを描くというやりとりのなかで大体のプランができてきたが、若林の造形は具体的に決まっていなかった。制作の準備に入り、カウンターや壁面の一部に若林が制作した造形が象嵌されていった。どこまでが若林のアート作品で、どこまでが杉本のインテリアデザインかがわからない、境界線が曖昧なものになっている。それは、倉俣史朗と高松次郎とのコラボレーションは、倉俣がプロデュース的な立場でハプニングとして仕組み、高松がその用意された場で制作したかたちだったが、杉本と若林のそれは共同制作であり、ハル・フォスターが「アート建築複合体」という言葉を使っているが、杉本たちの仕事は、「アート・デザイン複合体」ともいえるものだ。

杉本貴志と若林奮のコラボレーションは、その後、ブティック〈パシュ ラボ〉（東京・乃木坂　一九八三）、〈Be-In〉（大阪・心斎橋　一九八四）、ブラッセリー〈EX〉（東京・渋谷　一九八四）と続いた。

杉本は川俣正ともコラボレーションを行い、ブティック〈シン・ホソカワ〉（東京・渋谷　一九八四）も同じ頃に手がけている。また、その他にも長沢秀之や原口典之といった人たちともコラボレーションしている。川俣正の作品は、板材を使い建築に寄り添い、覆うようなインスタレーションが多かったが、杉本とのインテリアデザインでは、その仮設的な表現が鉄を使うことで、恒久的な雰囲気をもち、インテリア全体が川俣作品のようにも見えるが、杉本作品に取り込まれてしまっているようにも見える。これもある意味、「アート・デザイン複合体」的インテリア作品といえる。

杉本貴志が、バー〈ラジオ〉の改装案を思索していたときに、若林奮に依頼したのは、芸大の学生時代から若林の鉄の作品を見ていたこともあったが、「僕がほしかったのは磁場のようなもので、それには若林さんという人間がつくった〝気〟がどうしても必要だった。[03]」という。若林作品を鑑賞しながら酒が飲める、贅沢な時間が過ごせる脱日常的空間であったのだろう。杉本のアーティストとのコラボレーションは共作というよりはさらに一歩踏み込んだ合作であり、「アート・デザイン複合体」であり、デザインとアートの流域を超え、ひとつの作品になっていた。高松次郎も若林奮も、彼らの作品リストのなかにインテリアデザインにかかわったという記録はあるが、結果として商業空間のなかに取り込まれたことを快く思っていなかったのではないだろうか。それはあくまでも筆者の推測なのだが、作家たちは自分の作品が大衆の目に触れられるのと同時に、コマーシャル・インテリアとして利用されたという、資本に呑み込まれたような印象があったからではないだろうか。アーティストとデザイナーの境界線があり、倉俣史朗の作品は、〈ミス ブランチ〉のようにアート作品としても捉えることができるが、椅子としての機能をもち、着地点はつねにデザインの領域であった。イサム・ノグチはその着地点を自由に選び、ときにはデザイン側にも着地していた。だが、高松次郎や若林奮らはアートの領域で活動していて、そのスタンスからして、デザイナーとのコラボレーションにはストレスがあり、また居心地も悪かったように思える。

杉本貴志は、若林奮とのコラボレーションの仕事で、一九八四（昭和五九）年に「現代彫刻と融合した一連の商業空間」で、毎日デザイン賞を受賞している。また、「無印良品」が一九八〇（昭和五五）年、西友のプライベートブランドとして始まるが、一九八三（昭和五八）年に第一号の青山の店のインテリアデザインを杉本が手がけている。これは杉本の手法でもあるが、テクスチャーが微妙に異なる素材、その多くは古材のように時間を蓄積した素材をパッチワークのように、外壁、内壁、床に敷き詰め、新築でありながらロフトのような印象もあり、どこか懐かしく感じる空間に仕上がっている。

「無印良品」の既存ブランドに対する対抗《アンチ》を基本コンセプトとして、英語のノーブランドグッズを直訳したものだが、その考え方に呼応して空間で表現したものだ。約四〇〇件の店舗がつくられたが、この杉本の最初のイメージは少しバージョンアップしたが、大きくは変わっていない。「無印良品」の発案はかつてセゾングループを率いていた堤清二とデザイナー田中一光によるものだが、その当初のコンセプトが現在も引き継がれ、時代に流されず一貫していて今日にいたっているということは素晴らしく、海外でも「無印良品」がミュージアムショップにもその商品が置かれていたことから、評価されていることがわかる。このテクスチャーにこだわったミニマルな思想は、わび、さびにも通じ、日本的な美を感じるジャパンブランドであり、それを商業空間のデザインで表現したのが、杉本貴志であり、日本の生活文化が高く評価されたという見方もできるのではないだろうか。

アート・デザイン複合体へ

ハル・フォスターは、著書『アート建築複合体』で、アーティストと建築家のコラボレーションによる作品ではなくフォスターがいう複合体とは、アートから教えを受けた著名なデザイナーたちが実践している類の建築のことで、その例として、「レム・コールハース、ジャン・ヌーヴェル、*ベルナール・チュミ、*スティーヴン・ホール、*リチャード・グラックマン、谷口吉生、安藤忠雄、伊東豊雄、妹島和世、*ピーター・ズントー、*ジャック・ヘルツォークとピエール・ド・ムーロン、*アネット・ギゴンとマイク・ゴヤーら」を挙げ、「新しい明るく軽《ライト》やかな材料と技術を用

*ベルナール・チュミ　1944–　建築家。主な作品は〈ラ・ヴィレット公園〉(1982) など。

*スティーヴン・ホール　1947–　建築家。主な作品は〈ネクサス・ワールド〉(1991)、〈ヘルシンキ現代美術館〉(1987) など。

いて、これらの建築家たちは、構造上の透明性というモダニズムの原則を新たに価値づけし直している。そして、それはときには、戯画にも見えるところまで達しているのだ。」という。また、同書でフォスターは次のように述べている。

ドナルド・ジャッドやダン・フレイヴィンのような真正のミニマリストたちの何人かかも、文字どおりのものと同じくらい現象上のものに関与している。そして、それゆえ彼らは、（ミニマリズム、ポップ）どちらのカテゴリーにもきっちりとは当てはまらないのだ。同じことは、コールハース、ヘルツォーク&ド・ムーロン、妹島、グラックマンといった建築家についても言える。いくつかのプロジェクトで、彼らは文字どおりのものを、たとえ現象上のものを精巧に仕上げて（しばしば、イメージを投影する被膜と明るい光を放つ紗幕が用いられる）はいても、保持している。また、それに対し他のプロジェクトでは、彼らはどちらの要素もともに強めて、その結果それらは変換や混同、さもなければ帳消しにされる地点へと達している。

フォスターの指摘で、ヘルツォーク&ド・ムーロンの〈エーベルスヴァルデの技術学校の図書館〉（一九九七）を見ると、建築そのものがアート作品のように見えてくる。たしかに、コールハースや伊東の建築はアート的な美を追求している作品

＊リチャード・グラックマン　1947–　建築家。主な作品は〈ホイットニー美術館増築〉、〈アンディー・ウォーホル美術館〉など。
＊ピーター・ズントー　1943–　建築家。主な作品は〈聖ベネディクト教会〉（1989）、〈ブレゲンツ美術館〉（1997）など。
＊ジャック・ヘルツォーク　1950–　建築家。ピエール・ド・ムーロン　1950–　建築家。主な作品は〈テート・モダン〉（2000）、〈プラダ・ブティック青山店〉（2003）など。
＊アネット・ギゴン　1959–　建築家。マイク・ゴヤー　1958–　建築家。〈バーゼル美術館とラウレンツバウの改築〉（2007）など。

が多く、「アート建築複合体」を目指しているようにも感じる。それらは、美学の建築であって、空虚の建築であることもわかるが、ネオ・モダニズムの建築と分類して、「社会革命」や「政治性」が不在だと主張する飯島洋一のいうことも理解できるが、建築でそのような思想を唱えるよりは、構造も含めアート的な美を追究した建築を賞賛したい。批評としてのデザインは、倉俣作品にも多く見られたが、建築という規模でそれが公共建築であれ、商業建築であれ、社会を変える力があるものもある。それは時間を経ないと、現段階でまだ見えてこない建築やインテリアデザインがあるようにも思える。

インテリアデザインの分野で、歴史を振り返り、ハル・フォスターがいう「アート建築複合体」（アート・デザイン複合体）は、倉俣史朗がすでに六〇年代から実践していたが、アートとデザインの中間領域で活動しながらも、作品をつくりつづけている森豪男のようなデザイナーもいる。彫刻家の向井良吉*が主宰する七彩工芸で、店舗の什器やディスプレイなどのデザインを担当しながら、「Another Space」（サトウ画廊　一九七二）、「Sliced Surface」（フジエテキスタイルギャラリー　一九七三）、「Divided Light」（ギャラリーハートアート　一九七四）と、空間、表層、光といったインテリアデザインの構成要素をテーマにした個展を開催し、独立後の一九七七（昭和五二）年に浜岡砂丘で行った〈ランブリングホーム〉は布（キ

〈エーベルスヴァルデの技術学校の図書館〉ヘルツォーク&ド・ムーロン　1997

*向井良吉　1918-2010　彫刻家。マネキン製作会社の七彩工芸（現・七彩）を創業した。

ヤンバス）を使った仮設の空間であるが、明るく軽やかな住居として提案されたもので、太平洋に面した広大な砂丘にあって、それは野点に近い開放感があり、まさにランブリング《ぶらつく》しているような住まいで、それは三宅一生の「一枚の布」が服から住居へと展開していくような、服と建築の中間に位置するインテリアで、日常からも解放され、自由な居住方法を発見するための可動空間の提案だった。

森は、その後も独自の作品によるインテリアデザイン展を定期的に開き、一九八二（昭和五七）年には、イタリアの〈アルキミア〉のラディカルデザイン運動の刺激を受け、境沢孝や横山尚人らと〈ポエ・フォルムの家具〉展（ギャラリー5610）を開催している。

二〇〇九（平成二一）年の〈森豪男　Hideo Mori〉展（武蔵野美術大学美術資料図書館）の〈残像の家具〉は、アートともインテリアオブジェとも、家具ともとれる作品であるが、森はインテリアデザイナーであり、森も倉俣史朗と同じく、独自に思考して家具のような作品を数多くつくってきた。また森も「アート・デザイン複合体」を目指している、数少ないデザイナーである。

吉岡徳仁は、〈ネイチャー・センス〉展（森美術館　二〇一〇）、〈吉岡徳仁―クリスタライズ〉展（東京都現代美術館　二〇一三）と、美術館を使って自分の作品を発表している。デザイナーで日本の美術館で展覧会を開いたのは倉俣史朗で、〈倉

一五〇頁　ランブリングホーム　森豪男　1977

保史朗の世界〉展（原美術館　一九九六）、〈倉俣史朗とエットレ・ソットサス〉展（21_21 DESIGN SIGHT　二〇一一）、「浮遊するデザイン―倉俣史朗とともに」（埼玉県立近代美術館　二〇一三）が開催されたが、倉俣が急逝した後のことだ。また、ファッションショーを美術館で最初に行ったのは三宅一生で、それが「一枚の布―Issey Miyake in Museum」（西武美術館　一九七七）だった。

吉岡徳仁は、倉俣史朗と三宅一生に師事している。倉俣と接した時間はごくわずかだと思うが、倉俣の紹介で三宅のもとで、ショーや展示、商業空間のデザインを担当する。そのときに、三宅から多くのことを学び、また吉岡の才能が見出されている。それは、三宅と倉俣のコラボレーションによるショップ空間のデザインでもわかるが、川久保玲と河崎隆雄の関係とは異なり、ほとんど倉俣の発想で自由に表現させていたのではないだろうか。倉俣がひとつの素材とトコトン付き合い、素材特性を引き出すことができたのは、倉俣と三宅の信頼関係があったからだと思われる。吉岡は三宅について次のように述べている。

三宅一生さんはそういうものを見つけ出して、引き出すのがうまい方です。自分とまったく違う考え方の人がいても、「この人は何か新しい価値観を生みだすかもしれない」と、いろいろとやらせてみる。自分に合わないものや考え

〈ネイチャー・センス〉展
吉岡徳仁　2010

方は、即「ダメ」と決めてしまう人はたくさんいますが、そういう感じがみじんもないのです。人の才能を引き出すのがうまいんですね。[04]

吉岡も三宅のもとにいて、才能を引き出されたひとりだろう。それは、羽毛を飛ばして動かすショーウィンドウ〈Snow〉（東京・南青山　一九九七）、プリーツが動く布の彫刻作品のように上下に動く展示の〈ISSEY MIYAKE Making Things〉（パリ・カルティエ財団　一九九八）、人が息を吹きかける映像と実際にスカーフが揺れるのを同調させた〈東京・銀座メゾンエルメス・ウィンドウ・ディスプレイ〉（二〇〇九）など、「動き」を取り入れたことが特徴になっている。

以前、筆者の吉岡徳仁への、「自分の中で、デザインとアートの領域を意識してやっているのか」という質問に対して、吉岡は「つくった後に意識するが、自分ではあまり意識していない。自分のひとつのアイデアを具体化していく過程で、表現の方法がいいのか、デザインとしての方法がいいのかを選択する。」と答えていた。それについて、吉岡はより明確に述べている。

三宅一生さんや倉俣史朗さんもそうですが、きっと多くのデザイナーさんや建築家の方々も、そういうスタンスで物づくりをしてきたのではないかと思います。イサム・ノグチは、その典型です。ノグチさんに、もし「AKARI」と

〈ISSEY MIYAKE Making Things〉吉岡徳仁　1998

いう作品がなかったら、今どういうふうに見えただろうかと考えてみると、やっぱりカテゴリーがあって、自分はそこにあてはめていったわけではないように思えてきます。自分のつくったものがどこにあてはまるかは見る人が判断すればいいことであって、必要のないものであれば消えるだろうし、必要だったら残るということかなと思います。ですから、むしろあてはまらないくらいのほうがちょうどいいんです。そのほうがかえって、予想だにしないような反応を得ることもできるのです。[05]

吉岡徳仁は、歴史のなかで、イサム・ノグチ、倉俣史朗、三宅一生を捉え、自分がそれにつづくデザイナーであると、確信している。それは、吉岡のこれまでの空間デザインの仕事や、二〇〇二年のミラノ・サローネで評価された、〈Honey-pop〉（二〇〇〇）という畳むと薄い紙になる椅子など、倉俣が人を驚かせることが好きで、それは作品にも表れていたが、倉俣や吉岡のエンターテインメントを兼ね備えたデザインも、「アート・デザイン複合体」といえる。

インテリアデザインの世界では、倉俣史朗、境沢孝、森豪男らがその先駆者といえる。吉岡は、「今まではアート的なものに近づいていくことがビジネス上のメリットと合致しないことも多かったのですが、ぼくらの世代は、一般向けとはいえない特殊なものをつくっても、ビジネスとして成立させられる環境が整いつつあるよ

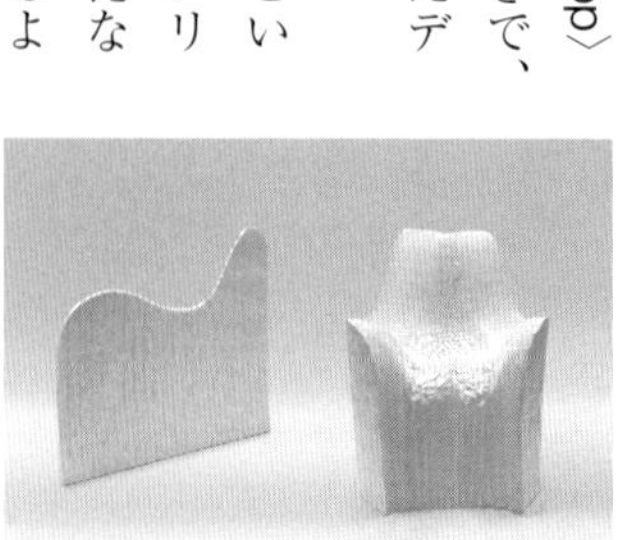

〈Honey-pop〉 吉岡徳仁
2000

うな気がします」という。それは、倉俣、三宅らの世代が先駆者として切り拓いた結果、多様な価値観が世間一般に受け入れられるようになったことで、吉岡らの世代がより自由に仕事ができるようになったという。

そういう意味では、「『感じ』のデザイン」で二〇一四年毎日デザイン賞を受賞したアーティストの鈴木康広*も、吉岡らの次の世代だが、時代の流れのなかで、鈴木の視点は面白く、「子供のときに持っていて忘れかけた視点」を作品を通して、気づかせてくれる。その子供の遊びとも思える行為がアートとして評価され始めたのも、吉岡が指摘するように、デザインなのかアートなのかわからないものも受け入れる、ビジネスとして成立させられる環境が整いつつあるのだろう。

*鈴木康広　1979-　美術家。主な作品に、〈遊具の透視法〉〈まばたきの葉〉〈空気の人〉など。

「もの派」とインテリアデザインの関係について考える

昨年、本館が企画した展覧会「もの派――再考」は、日本の近代美術史のなかで戦後―現代の基軸をあぶり出し、それを積極的に検証していこうとする態度において、多くの人々の関心を呼び注目を集めた。とりわけ、高松次郎と「トリックス・アンド・ヴィジョン」展（一九六八年）との「もの派」とのつながりや、高松のアシスタントを経た後に「もの派」発生の役割を担った関根伸夫の作品〈位相―大地〉（一九六八年）の位置を再検証し、またその関根と「第一〇回日本国際美術展　人間と物質」（東京ビエンナーレ、一九七〇年）との関係に新しく照明を当て直した功績は、大きいと言わねばならない。[06]
（「もの派」とは何であったか――場所・行為・プロセスをめぐって　高島直之）

高松次郎は倉俣史朗と、クラブ〈カッサドール〉（一九六七）、〈カリオカビルディングの工事中の囲い〉（一九七〇）、パブリックバー〈ビストロ〉（一九七二）と三回コラボレーションをしている。その高松の現実空間と虚構空間の差異を表現主題とした〈トリックス・アンド・ヴィジョン〉展（一九六八）と「もの派」とのつながりは重要であると、筆者も考えている。だが、「もの派」を決定的なものとしたのは、関根伸夫の作品〈位相―大地〉であることは間違いないが、その作品を批評した李禹煥の存在である。李はソウルで老荘思想や水墨画を学び、一九五六（昭和三一）年に日本に移住し、日本大学で近代西洋哲学を学んでいる。李が関根の前衛的思考と作品を評価した一方で、関根は李のなかに自らの制作と芸術観を支持する思想家としての存在を見出したといわれているが、「もの派」の存在を知らしめたのは、李の存在なくしてあり得なかったのではないだろうか。

〈位相―大地〉　関根伸夫　1968

李禹煥の外からの視点、外国人の視点で「もの派」について語ったことから、関根伸夫を中心としたグループのアウトラインがおもむろに描かれ、それが今日にいたり、現在もその活動が続いているように思われる。そのメンバーの多くは多摩美術大学出身者で、彼らは斎藤義重*に師事した学生だった。一九六八年に関根が〈位相―大地〉を日本野外彫刻展へ出品した年に、高松次郎は多摩美術大学の専任講師(一九六八―七三年)を務めている。高松は七一年からはアトリエで「塾」を開いていた時期とも重なるが、その当時の学生は斎藤よりもむしろ高松の影響を受けたのではないだろうか。高松の作品は反芸術的なものが多く、実体のない影のみを描いた作品「影」シリーズ、石や木などの自然物に数字わずかに手を加えた作品、遠近法を完全に逆にした「トリック」など引き出しが多い作家だったが、画家でもあったことから、絵画の表現技術も優れていた。高松の作品を見ると、マルチな才能をもっていたが故に表現手法が定まらず、「影」シリーズは七〇年代に入っても続けていた。また、「点」「紐」「波」「単体」「複合体」さらに空間系のものもあり、「もの派」の小清水漸、菅木志雄らや「ポストもの派」と呼ばれる人たちは、高松の作品から刺激を受け、今日にいたっていることは間違いないだろう。

関根伸夫は〈位相―大地〉以降、〈空相―スポンジ〉〈空相―油土〉〈空相―黒〉を発表するが、〈位相―大地〉のような衝撃力はなく、後の作品はそれほど評価されていない。だが、FRPを使用した〈空相―黒〉は、自然と人工を対比した作品で、

＊斎藤義重　1904–2001
造形作家。ロシア構成主義やダダの影響を受け、立体作品を中心とした造形活動を展開していった。

床に横たわる円環状の塊のようなフォームから、トーテムポールのように佇む磨かれた幾何学的なかたちまで、およそ五〇体の立体で構成されている。この作品制作を機に、関根の興味はありのままの「もの」と、変形可能性から固体の表面の品質へ大きな転換を遂げた。意図的に材料が石なのか、ガラスなのか、金属なのか、プラスチックなのかわからないようにしていた。禅寺の石庭のように、美的法則にのっとって立体を配置することで「位相的な風景」をつくりあげたのである。すなわち、非対称に置かれた異なる要素を用いて、海や島や山といった広い景色を表現している。この考え方は李禹煥に受け継がれている。

二〇一四年にパリ・ヴェルサイユ宮殿で開催された李の個展でもその手法で構成された作品が広い庭園のなかに配置されていたが、リチャード・セラのように錆びた天板を地面に立て、そのなかに石庭のように大きな石を配置し、高松次郎の影画のようにフェイクの影を敷き詰めた玉石に直接絵の具で描いた作品もあった。

「もの派」とは、ひとつの教義や運動組織に基づいて集まったグループではなく、一九六八年から一九七〇年代前半にかけて、石や木、紙や綿、鉄板やパラフィンといった《もの》を素材としてそのまま使い、単体または組み合わせることによって作品とした作家たちが、そのように呼ばれた。発注してつくられた鉄板を組み合わせ、その組み合わせ方がすべて異なる立方体を等間隔に配置したドナルド・ジャッドのようなミニマルアートの流れも見ることができるが、どちらかというと

〈李禹煥 個展 at ヴェルサイユ宮殿〉2014

一九六〇年代後半にイタリアで起こった先端的なアート運動「アルテ・ポーヴェラ」*にも似ている。

美術評論家でキュレーターであるジェルマーノ・チェラントが、当時前衛的な手法で活動していた若いアーティストたちを集め、イタリア内外でアルテ・ポーヴェラの展覧会を催した。その特徴は絵具やキャンバス、粘土やブロンズなどの伝統的な美術の画材を放棄して、生の工業的な素材や自然の石や木などを、あまり加工せずに用いる傾向が見られた。こうした傾向は、同時代のアメリカ合衆国のカール・アンドレ*やロバート・モリス*などのミニマルアートや、ポストミニマルのアーティストたち、ブルース・ナウマン*、エヴァ・ヘス*、さらにはヨーゼフ・ボイス*などとも共通する当時の先端的アートの特徴になっていった。

高島直之が指摘するように「もの派とは何か」という問いの解答を得るにはいたっていない。高島は「もの派」のキーワードである《もの》、《トリック》、《位相》といった言葉を並べてその意味を考えたとき、それぞれが指示する領域はあまりにも隔たりがあって、それらを媒介する概念を差し込まなければ同時に語りえないのではないかと述べている。《環境美術》や《環境デザイン》という言葉が誕生した頃、一九六八年の第一回現代日本野外彫刻展に出品された関根伸夫の〈位相―大地〉は、アースワークでも、プライマリー・ストラクチャーでもあり、たしかに複数の次元

*アルテ・ポーヴェラ　1960年代後半–70年代前半にかけて起こったイタリアの芸術運動。「貧しい芸術」を意味し、鉛、新聞紙、木材、石、ロープ、ガラスなどの素材を頻繁に用いた。

*カール・アンドレ　1935–　アメリカのミニマルアートを代表する美術家。

*ロバート・モリス　1931–　美術家。ミニマル彫刻、プロセスアート、アース・ワークの定義において中心的役割を果たした。

*ブルース・ナウマン　1941–　美術家。彫刻、写真、パフォーマンスアート、ビデオアート、インスタレーションなどにわたる。

*エヴァ・ヘス　1936-1970　美術家。1960年代後半のニューヨークでミニマリズム、ポストミニマリズムの傾向をもつ作家。

を横断していく魅力を備えていた。
一九八一（昭和五六）年のパリ・コレクションに初参加した川久保玲や山本耀司の服は、黒・白の生地がアンシンメトリーに垂れ下がり、一部では「ボロルック」「乞食ルック」と酷評されたというが、素材がもっている質感や色感を表現した川久保らの服には「もの派」の考え方がここにも表れていたように思える。そして、それは日本の禅宗の石庭や、わび、さびという日本的な美に通じるもので、それは美学であるが、デザイナーが日本の歴史をどのように理解し、次の世代、世界へ向けてどのようにアピールしていくかということに帰結していくように思われる。
「もの派」とインテリアデザインとの関係を考えたとき、「カタチをつくりデザインはしたくない」という杉本貴志の言葉を思いだした。杉本に筆者が取材したときに、自分が好きなのは「万葉集」や「新古今集」の連歌だという。杉本は一三世紀頃に琵琶湖の畔で歌った藤原定家の歌を暗誦した。

見わたせば　花も紅葉もなかりけり　浦の苫屋の　秋の夕暮れ

たしかに、同じ日本人であれば、その季節の情景が浮かび上がってくる。倉俣史朗も「インテリアデザインは幕間劇《まくあいげき》のようなもの」といっていたが、かたちあるものは、言葉には勝てないということなのだろうか。吉岡徳仁のストローを使った

＊ヨーゼフ・ボイス
1921-1986　美術家。初期のフルクサスにかかわり、パフォーマンスアートを演じた。彫刻、インスタレーション、ドローイングなどを残している。脂肪や蜜蝋、フェルト、銅、鉄、玄武岩など独特な素材を使った立体作品を制作した。

一六一頁〈Tornado〉吉岡徳仁　2007

インスタレーション〈Tornado〉（二〇〇七）は、ものの集積による空間表現だが、これも「もの派」の考え方に近いともいえる。そして、吉岡は「かたちのないデザインというものを、いつも漠然と考えているのですが、自分がイメージする〝かたちのないデザイン〟は、もしかすると音楽や匂いに近いのかなと思ったりします。」という。

一九八〇年一月号の『インテリア』の座談会で、冒頭に山口勝弘の発言から、インテリアデザインは《建築》と《アート》のあいだ、それもアート寄りで生まれたのではないと筆者が推測したことから始まった考察だった。山口は二〇〇〇年代に「アート・デザイン複合体」へと向かうことを予想するかのように、『日本のインテリアデザイン　Vol.1　デザインの奔流』（一九九四）で、次のように述べている。

六〇年代の芸術とデザインの衝突の中で生まれたインテリアの分野は、ひとつの自立したスタイルを形成するとともに、それ自体がデザインとして洗練され、アート・アンド・デザインという二分野を超えたものとして昇華されていったのではないだろうか。

インテリアデザイン界にとって山口勝弘の存在は大きく、デザインとアートの領域を自由に往き来できた人間であったから、倉俣史朗の仕事もデザインという領域だけにとどまらず、時代のなかで適確に評価することができたのだろう。デザインが細分化され、デジタル化されている今日、デザインとアートの領域が曖昧で、デザイン分野の解体を唱えていた六〇年代へ回帰することはできないが、あの時代の強烈なエネルギーを取り戻したい。それはものがなかった時代から、日本がアメリカに次いで世界第二位の経済大国へと進んだ時代である。現在はあらゆるものがデジタル化され、自分たちの欲望もそのデジタルの世界のなかで処理されている。

二〇世紀初頭の《デザイン》、六〇年代の《環境》という言葉が誕生し、新しい世界が開かれるイメージをもったが、また新しい概念をもった言葉が待ち望まれている。それは、関根伸夫の〈位相―大地〉を見て、李禹煥が「あるがままの世界」を開く「新しい構造」の出現といって「もの派」が誕生したように、二一世紀初頭、アートもデザインも建築も新しい世界を切り拓く、まだ見ぬ作品の誕生が待ち望まれているように思われる。

そして、デザインとは何かという問題とも関係している。デザインは企業や行政のイメージ戦略に、政治、宗教、戦争などにも利用されてきた。デザインについて言及することは難しいが、筆者は人の生き方と思想に密接にかかわることではないかと考えている。インテリアデザインは「空間」と「時間」のデザインであり、日本ではわずか半世紀ほどの歴史しかないが、その間に人々の生活を豊かにし、幸せにしてきたかと問われると疑問を感じる。七〇年代にヴィクター・パパネック*の『生

*ヴィクター・パパネック 1923-1998 デザイナー。大量生産・大量消費への批判から、環境・福祉・発展途上国のためのデザインへの視点を提起した。

きのびるデザイン』が話題になった。人類が生きのびることは必要であるが、それだけでは進歩がない。デザインとアートの融合が、新しい世界を切り拓くのかどうかはわからないが、少なくともこれまでの経済優先の社会構造に変革を与えるきっかけになるのではないだろうか。重要なのは、デザインが人々の生活に潤いを与え、六〇年代の希望に満ちた活力を取り戻すことが重要ではないかと思う。それは、たとえこの世界がゲーム化され、すべてが管理された社会であっても……。

人類がテロや戦争におののく社会にしてはいけない。それはデザイン以前の問題だが、それは人々が生きていくうえで、自分の「国のかたち」をどうデザインしていくかという問題につながる。「デザインは何か」という問題は、「日本の美」について考えることでもある。それは、一九六六年の〈空間から環境へ〉という展覧会で、デザインとアートの境界を超え、さらに「デザイン分野の解体の解体」がテーマだったが、ジャンルを超えた領域から歴史を見ないと、見えてこないことがあるのではないだろうか。

一九六八年は工業社会から情報社会へとパラダイムの変換が起こった年でもあったが、現代の情報社会はインターネット、モバイルの革新的な進歩により、あらゆるものが加速されてスピード社会になり、一方では心の安らぎを求めて日本の住文化を再考する動きも見られるが、「インテリアデザインが生まれた」一九六〇年代後半に意識や視点を戻し、過去から現代を逆照射することが必要かと思われる。

解説

剣持勇の〈ジャパニーズ・モダーン〉再考

高島直之

1.

本書は、一九六〇年代後半の日本社会において職能としてのインテリアデザイナーが登場し、自律したデザイン領域としての「インテリアデザイン」が人口に膾炙《かいしゃ》していく流れを主題にしている。そこで軸となるデザイナーは、戦前に工芸指導所で「規範原型」の研究を行い戦後に「産業工芸運動」をリードしていった剣持勇と、一九六〇年代のダダ的なアヴァンギャルドから「空間―環境」に拡張していく美術動向に強い刺激を受けたインテリアデザイナーの倉俣史朗のふたりである。このふたりをつなぐ線に国内外の文化的・経済的要因を突き合わせて、このジャンルの伸展を浮き彫りにしている。

国内事象に限れば、実験工房、具体美術協会、ネオダダ、ハイレッド・センターといった美術集団のラディカリズム。来日したイサム・ノグチの彫刻とデザインを横断していく自由闊達な精神と造形のあり方。一九六〇年「世界デザイン会議」（東京）でのデザイン思想の国際的な合意。「絵画・オブジェ」からテクノロジーを通して「空間・環境」への超出を目指す展覧会（六六年）開催の衝撃。東京オリンピックから大阪万博までの経済成長下のデザイナーの多様化と浸透。ファッションデザイナーの台頭とショップインテリアの展開。七〇年代以降のパルコ文化とそこから生まれた「無印良品」の新自由主義的消費への変容。

こういったトピックの重要性を説きながら、著者が記すように、戦後まだ美術と建築のあいだで宙吊りになっていた初期インテリアデザインは、一九六〇年代後半にはアーティストからの影響と協働作業によって、建築よりもアート寄りの地点から出立していった。それは「室内装飾・家具設計」から空間造形・環境計画を含意した「インテリアデザイン」へと変わっていくプロセスでもあった。著者はこのようなアートとデザインの衝突と交流によって、互いの領域が確定されていったことを解き明かしている。

この経緯から読みとれるのは、まず剣持勇たちによる戦前からの基礎研究と産業化への啓蒙活動があり、その土台とレールがあって倉俣史朗たちの商業空間での「デザイン実験」とその具体的成果を持ちえた、という大きな構図である。それはまた、技術革新や材料開発のレベルがデザイナーのアイデアに追いつかない時代から、新技術と開発素材によって革新的なアイデアに柔軟に応えられるようになった時代への転換ともいえよう。この図式はそのまま、一九五〇年代のモダンリビングという椅子式生活の合理性の啓蒙・普及時代から、六〇年代後半に加速化するモノの流通・拡大に応じた消費環境の質的な転回、と読み替えることができる。

2.

ここでは、一九五二年に通産省から派遣されアメリカに七カ月間出張し、帰国後〈ジャパニーズ・モダーン〉を提唱していった剣持勇のエッセイを取り上げて戦後の位置をあらためて考えてみたい。

まず剣持のデザインしたモノといえば、内側がカラフルな一色（赤・青・黄）で外側がシルバーメタルのスタッキング可能な円柱型灰皿が思い浮かぶ。あるいは、2DKアパートでの使用を考えた背のないコンパクトな木製スタッキングチェアや、デパートの食堂など商業施設に多用された木の丸棒による支持構造に背を緩やかな曲木加工したダイニングチェアなど、である。これらは地場産業との提携によって戦後社会に根づいたものであって、全国津々浦々に広まった製品である。それは一九五〇年代の実践を通した成果といえるが、剣持が戦前の工芸指導所在籍時代から持続してきた思考の具体化でもあった。いずれも機能性の高い明るく軽快なデザインである。

剣持は、建築家の谷口吉郎やファッションデザイナー田中千代らとの共著『生活のなかの近代美術』(毎日新聞社、一九五六年)に「内と外のデザイン　椅子から自動車まで」という公開講座の講演録を寄せている。このエッセイは「デザイン」の意味を問いかけ日本社会に警鐘を鳴らすものだが、剣持帰国後の一九五〇年代半ばの発言として時代の状況が窺える主張であろう。

剣持は、つぎのように語っている。

アメリカで国民に必要とされる商品の「質」と「量」は法規的にも商業道徳からも守られており、一例としてアイスクリームは、ドラッグストアで食べようが、レストランで食べようが、量と質にごまかしはなく価格も一定している。この量と質と価格が一定している状態においてはじめてデザインが必要となり、この三つが揃っているときどこで優劣を競うかといえば「外観(アピアランス)」である。戦後十年たった今日、欧米・北欧の一流のラジオは質と価格が標準化されており、各社はアピアランス・デザインにおいて特徴を出そうとしている。しかし日本は、いまだ外国製品の剽窃や盗用などを行っており、法規的にも商業道徳においてきわめて立ち後れており、比較にならない。

もともと日本では「デザイン」の翻訳語が古くから多数あるが、訳語は狭い意味でしか適用されていない。

「デザイン」の正しい意味とは「統一への計画」である。

たとえばひとつのコップは、容量・持ちやすさ・安定性・口あたりの良さ・適当な重さ・洗いやすさ・しまいやすさ、などこれら「用途・機能上の条件」以外に、「材料の条件」、「構造・工作上の条件」、「経営の条件」、そして形態としてのまとまりの「形態の条件」が考えられねばならない。これらがすべてクリアされても、その形態がいつも美しいとは限らないが、これらの「統一」に現代デザインの第一義がある。

したがってデザイナーにとって、過去の装飾や様式の踏襲は意味をもたず、流行スタイルに動かされることもあってはならない。ひたすら技術家として「市民のための日用品」に向かうべきである。その効用は、外観＝アピアランスを高めると同時に、いかにコストダウンを計るか、ということだが、現在の企業はその研究に予算を投入する考えをもっていない。デザインには、必要条件に対する系統的な学的追求と芸術修練とが必要であり、一朝一夕には成らない。企業はデザイン部を独立させ、原型計画に十分に時間をかけて製品の質を高め、日本のオリジナルデザインを創出せよ、と。

3.

剣持は、前掲書に付された座談会で当面の活動を吐露している。デザイン先進国では、消費者とデザイナーとメーカーとのバランスを壊さぬように各国の「デザイン協会」が辛抱強く努力している。日本ではいずれ国立近代美術館などがそういった調整の役割を担うはずだが、待ちきれないので国際デザイン委員会を始めた、といっている。この「国際デザイン委員会」とは、本書五二頁で詳しく解説されている「国際デザインコミッティー（後の日本デザインコミッティー）」のことである。

本書からの引用になるが、結成の発端は一九五三年の初めに「ミラノ・トリエンナーレ（一九五四年開催予定の第一〇回展）」の招請状が外務省に届いた。通産省産業工芸試験所の意匠部長（当時）だった剣持が知らせを聞き、産工試の機関誌「工芸ニュース」の顧問・勝見勝に相談し、日本デザインを海外にアピールする絶好の機会とみて国際文化振興会（外務省外郭団体）に実現を呼びかけた。しかし資金繰りがつかず次回を目指すことになったが、デザイン各分野の交流組織が必要だとみなされ「国際デザインコミッティー」が、一九五三年に結成された。

初期メンバーは、勝見、剣持、柳宗理、丹下健三、清家清、吉阪隆正、浜口隆一、原弘、亀倉雄策、渡辺力。すぐ後に石本泰博、岡本太郎、瀧口修造が加わった。デザイン・建築関係者に、写真家・石本、画家・岡本、美術評論家・瀧口、という構成である。彼らは皆、一九五〇年代に「伝統（土着性）とモダニズム」の問題に向き合った人たちであるが、彼らはとくに岡本太郎の「縄文論」の影響を受けていた。たとえばこの頃、丹下健三の研究室ならびに丹下事務所に属していた磯崎新はこのコミッティーを、「これはデザイン界の業界組織になっていったんですけれど、国際組織なんですよ。日本のデザインを海外に売るという目標を持った会ですから。」（シンポジウム「岡本太郎と美術批評」美術評論家連盟主催、東京国立近代美術館講堂、二〇一一年一一月二七日。引用は、主催者のホームページPDFの五一頁）といっている。

丹下事務所で設計図面を引いていた磯崎新は、これら中心メンバー全員が岡本太郎のところに呼ばれたことを明かし、彼らは岡本の「縄文論」の感化が強くあり、「丹下さんなんかは慌てて、弥生的であると根底から自分の批判をされていると思っていたわけですから。僕もその中にいて、どうやって縄文風にするか、もう大変だったわけですよ。（笑）」（同前）。これは丹下設計の倉敷市庁舎や香川県庁舎を指しており、また彼は後に丹下の代々木のオリンピック体育館の壁画を岡本が担当したことなど、大阪万博までつづく丹下と岡本との関係を明らかにしている。

また磯崎は「国際デザインコミッティー」メンバーの、土着性とモダニズムとの融合を唱える動きは、国内向けのそれではまったくなく、すべて欧米に向けたものであった、と会場で発言をしていた。メンバーの多くが海外在住の経験がありその発言に信憑性を感じたが、前記シンポジウム記録にその発言は見当たらないので、削除したのかもしれない。

まさに剣持勇のいう〈ジャパニーズ・モダーン〉は、日本の土着性をモダンの合理性に内面化し融合させる企図をもっていた。それが貿易振興のための欧米向けキーワードであったにしても、右に紹介したように剣持の、デザイナーは技術家として「市民のための日用品」に向かうべきであって、その努力の中から日本のオリジナルデザインを発見し創出せよ、という命題は普遍的である。ゆえに〈ジャパニーズ・モダーン〉という言葉は、初心や理念として先にあるのではなく、デザイン製品が市場に出た後に結果として評価される言葉なのであって、その逆ではないのである。そのようにみてくると剣持勇の〈ジャパニーズ・モダーン〉とは、やはり欧米向けの「アピアランス」のキーワードであった、という気もしてくる。

この剣持自身の普遍的な命題の下でのデザイン実践によって、ディナーセットやフルーツボウル、スタッキングチェアやラウンジチェア、テーブルや座卓などのインテリア製品が、都会の市民生活を中心に行き渡っていった。とりわけ一九六四年の東京オリンピック開催を機にそれらは一気に全国に広まり、一般家庭やレストラン、ホテルなど公共施設にも及んでいく。また、建築家による喫茶店設計やショップのデザインが盛んになるのもオリンピック前後からである。

こういった剣持のいう「椅子から自動車まで」が計画的・統一的にデザインされ、都市生活空間を覆い尽くし始めた一九六七年に、倉俣史朗はクラブ《カッサドール》のデザインでデヴューしたのである。

高島直之　Naoyuki Takashima
1951年、仙台市生まれ。近現代美術論、デザイン史。週刊書評紙「日本読書新聞」編集長を経て、1980年代より美術批評を開始。2004年より武蔵野美術大学芸術文化学科教授。著書に『中井正一とその時代』（青弓社、2000年）。共著に『デザイン史を学ぶクリティカルワーズ』（フィルムアート社、2006年）、『日本近現代美術史事典』（東京書籍、2007年）、『現代アート事典』（美術出版社、2009年）、『高松次郎を読む』（水声社、2014年）など。展覧会企画に「1950年代日本のグラフィック」展（印刷博物館、2008年）ほか。

引用・参考文献

1945-1950年代　デザインという言葉がない時代

01 「デザインコミッティー小史」渡辺力　『デザインカタログ／デザインコレクション』　日本デザインコミッティー　1984
02 「内部からの風景——日本のインテリアデザイン」渡辺力　『SD』（1986年5月号）　鹿島出版会　1986
03 「工芸指導所の代用品研究」剣持勇　「日本の近代デザイン運動史12」『デザイン』（1962年12月号）　美術出版社　1962
04 「デザイナーを感動させたデザイン06／岩淵活輝」倉西幹雄　『DREAM DESIGN』（No.11）　マガジンハウス　2003
05 「実験の精神について」瀧口修造　『実験工房——戦後芸術を切り拓く』　読売新聞社 美術館関連協議会　2013
06 「インタビュー：磯崎新」『プロジェクト・ジャパン　メタボリズムは語る…』　レム・コールハース H.U. オブリスク　平凡社　2012
07 「倉俣史朗による倉俣史朗」『Art Today '77　見えることの構造　6人の目』（監修：東野芳明 紀国憲一 小池一子 森口陽）　西武美術館　1977
08 同右
09 「プリカーサー登場　インテリアデザイナー　倉俣史朗氏を迎えて」『プリカーサー』（10）　東洋プリウッド　1987
10 「内部からの風景——日本のインテリアデザイン」倉俣史朗　『SD』（一九八六年五月号）　鹿島出版会　1986
11 「戦後インテリアデザイン断章1　ジャポニカ・スタイルをめぐって」柏木博『icon』（1986年9月号）　スーパーイコン出版　1986
12 「工芸指導所におけるイサム・ノグチ＋その後のイサム・ノグチ」剣持勇　『工芸ニュース』（1950年10月＋11月号、18巻10号＋11号）　1950

1960年代　インテリアデザインが生まれたとき

01 『戦後日本デザイン史』内田繁　みすず書房　2011
02 『60年史—70年代はインテリアと美学の共通感覚時代』山口勝弘『日本のインテリア』（Vol.1）　内田繁・沖健次　六耀社　1994
03 「内部からの風景——日本のインテリアデザイン」倉俣史朗　『SD』（1986年5月号）　鹿島出版会　1986
04 『戦後日本デザイン史』内田繁　みすず書房　2011
05 「剣持勇と倉俣史朗の接点について」　松本哲夫所長にインタビュー取材　剣持デザイン研究所　2013年3月18日
06 「内部からの風景——日本のインテリアデザイン」倉俣史朗　『SD』（1986年5月号）　鹿島出版会　1986
07 「ミニマル空間の追及」対談＝倉俣史朗・山口勝弘　『インテリア』（1974年2月号）　インテリア出版　1974
08 『戦後日本デザイン史』内田繁　みすず書房　2011
09 「自己崩壊の神話」針生一郎　『デザイン批評』（1967年3月号）　風土社　1967
10 『戦後日本デザイン史』内田繁　みすず書房　2011
11 『戦争と万博』椹木野衣　美術出版社　2005
12 『宮川淳　絵画とその影』　建畠哲編　みすず書房　2007
13 「内部からの風景——日本のインテリアデザイン」境沢孝　『SD』（1986年5月号）　鹿島出版会　1986

14 同右
15 「内部からの風景——日本のインテリアデザイン」倉俣史朗 『SD』（1986年5月号） 鹿島出版会 1986
16 「西武ニューフォーム・インテリア・ショップ〈IE〉」『インテリア』（1969年12月号） インテリア出版 1969
17 同右

1970年代 インテリアとファッションのコラボレーション

01 『60年史—70年代はインテリアと美学の共通感覚時代』山口勝弘 『日本のインテリア』（Vol.1） 内田繁・沖健次 六耀社 1994
02 「年代記的ノート10」『空間へ』磯崎新 鹿島出版会 1997
03 「ブティック〈ヴォーグ〉」倉俣史朗 『インテリア』（1970年12月号）
04 「倉俣史朗の時代とデザイン」内田繁 企画展図録『浮遊するデザイン——倉俣史朗とともに』 埼玉県立近代美術館 2013
05 「二人の反骨精神が時代を切り拓く」小池一子 『倉俣史朗 着想のかたち』 平野啓一郎 伊東豊雄 深澤直人 六耀社 2011
06 「見えることの構造」東野芳明 『Art Today '77 見えることの構造 6人の目』（監修：東野芳明 紀国憲一 小池一子 森口陽） 西武美術館 1977
07 「内部からの風景——日本のインテリアデザイン」倉俣史朗 『SD』（一九八六年五月号） 鹿島出版会 1986
08 「〝燃える、燃える〟のクラマタ」横尾忠則 『インテリア』（1968年6月号） インテリア出版 1968
09 同右
10 「事物の逆説——倉俣史朗の仕事」倉俣史朗＋多木浩二 『多木浩二・四人のデザイナーとの対話』 新建築社 1975
11 同右
12 「倉俣史朗の時代とデザイン」内田繁 企画展図録『浮遊するデザイン——倉俣史朗とともに』 埼玉県立近代美術館 2013
13 『戦後日本デザイン史』内田繁 みすず書房 2011
14 同右

1980年以降 インテリアとアートの融合

01 ブティック〈ISSEY MIYAKE〉『インテリア』（1976年8月号） インテリア出版 1976
02 「倉俣史朗の世界」展図録 作品解説・沖健次 『倉俣史朗』 原美術館 1996
03 「初期の仕事——バー・ラジオ」『無為のデザイン』杉本貴志 TOTO出版 2011
04 『みえないかたち』吉岡徳仁 アクセス・パブリッシング 2009
05 同右
06 『高松次郎を読む』高島直之他 水声社 2014

図版クレジット

◎写真撮影

藤塚光政　p8, p24(左), p65, p70, p81, p82, p91, p98, p110, p116, p121, p123, p124, p127, p136, p140, p141, p142
白鳥美雄　p54, p58, p83, p84, p86, p87, p119(右)
小川隆之　p49, p69, p84
作本邦治　p72, p93, p99, p100
井野寿夫　p150
芦屋市立美術博物館　p24(右)
東京画廊　p61(右)
N.Maki　p118
Konishi Harumi　p46
平山忠治　p47
吉岡徳仁デザイン事務所　p151
Yasuaki Yoshinaga〔提供：吉岡徳仁デザイン事務所〕　p152
Nacása& Partners Inc.〔提供：吉岡徳仁デザイン事務所〕　p159
鈴木紀慶　p95, p158

◎協力

内田デザイン研究所
クラマタデザイン事務所
剣持デザイン研究所
スーパーポテト
吉岡徳仁デザイン事務所
Yumiko Chiba Associates

あとがき

本書を書くきっかけは、『日本インテリアデザイン史』の共著者の今村創平氏から『美術手帖』の懸賞論文への応募を勧められたことにある。『日本インテリアデザイン史』を書くにあたり、監修の内田繁氏のもとで勉強会を月一で半年ほど続け、その後担当を決めて原稿を書いたのだが、スタートしてから発行まで二年半の時間を要した。その後の資料収集に一年、執筆に一年という長い道程《みちのり》だった。発行後は共著という重責からの解放感からか、しばらく放心状態にあった。だが、自分の力不足から書き損じたこともあり、それが反省材料として残った。本書はその応募原稿をベースに加筆したもので、一九六〇年代、その頃はインテリアデザインという領域がまだ確立されておらず、建築の領域とアートの領域が重なったところから、インテリアデザインが六〇年代後半に誕生したのではないかという（山口勝弘氏の証言から）自分なりに仮説を立て、歴史をたどってみた。六〇年代はアートとデザインが接近していたため、アート側の人もこのインテリアデザインという領域に入り込んでいた。そのためアートとインテリアデザインの接点、その中間領域が面白いのではないかと思い、研究者というよりは編集者の視点でまとめたものだ。

現在も、戦後のアート史を振り返る企画展がいろいろな美術館で開催されているが、日本のインテリアデザインの歴史は主に商業空間の歴史であり、そこには日本のアート史と重なっているシーンがあり、それをデザインの視点で書いたものがこれまでなかった。それゆえに、デザインとアートの中間領域で繰り広げられた、もうひとつのアート史をまとめておきたかった。

それと筆者にとっての素朴な疑問もきっかけとなっている。そのためには小学校の図工の時間までに遡ることになる。つまり、その頃はアートとデザインの境界などはなく、自分がつくりたいものを自由に伸び伸びとつくっていた。そして、中学生くらいになると、アートには具象と抽象があって、デザインや建築というジャンルがあることを知り、小生意気な人間（大人）になっていくのだが、その図工の時間（自分の子供時代）と、未分化だった六〇年代が似ているように感じた。とくに、今から振り返って見ても、一九六〇年代は熱く、輝いていた。インテリアデザインが生まれようとしていた時代でデザインという言葉が一般的には使われておらず、工芸という言葉のなかに含まれていた時代だった。

倉俣史朗は、東京都立工芸高等学校木材科を卒業した後に、桑沢デザイン研究所に開設したばかりのリビングデザイン科に入る。私塾のような雰囲気でそこで得たものは大きかったと述懐していたが、どこか図工の時間に通じるようなアートとデザインの境界を超えた自由な雰囲気があったのではないだろうか。その先陣を切ったのが一九五〇年に来日したイサム・ノグチで、彫刻から、陶芸、プロダクト、家具、照明、遊具、噴水、橋、庭、公園などを自由につくっていた。イサム・ノグチに憧れた人は、筆者も含め少なくなかっただろう。そういう意味でも、一九六六年に銀座松屋で開催された、アートでデザインの境界を超えた〈空間から環境へ〉展がもっていた意味は大きく、この展覧会が新たな時代を切り拓くうえで重要な位置にあったと思える。その後のインテリアデザインの方向を示唆し、その分野を目指す人たちに与えた影響力は計り知れないものがあったのでないだろうか。

剣持は《官》の仕事から始め、独立後も公共建築やホテルなどの大規模な建築のインテリアを手がけていたのに対し、倉俣は《民》からでそれも百貨店のディスプレイから始め、小さな店舗、商業空間、家具デザインとデザインの領域を広げていった。出発点も考え方もまったく異なっていたが、彼らによってインテリアデザインの領域が確立していった。今また建築家がこの領域で活動を始め、インテリアデザイナーの存在が危うくなっているようにも感じられる。ディスプレイデザインという言葉が消えたが、インテリアデザインも同じような道をたどるのだろうか。それとも、建築からの支配から七〇年代に逃れたように見えたが、また吸収されてしまうのだろうか。本書ではハル・フォスターの「アート建築複合体」という言葉を借りて、二〇一〇年代以降の動きを「アートデザイン複合体」と称したが、アートとデザイン、そのデザインもインテリアだけでなく、グラフィックからプロダクト、ファッションが融合したもので、新たなものづくりが始まっているようにも感じられる。

この原稿を書くきっかけをつくってくれた今村さん、この原稿の執筆中にインタビュー取材をお願いして時間をつくっていただいた松本俊夫さん、杉本貴志さん、森豪男さん、それと共著の監修者でいろいろとご指導いただいた内田繁さん、また突然の原稿依頼にもかかわらず、本書の解説文を快くお引き受けいただき、より六〇年代の魅力を惹きだしていただいた高島直之さんに、今回もこの企画を通していただき、発行まで導いていただいた鹿島出版会の編集の相川幸二さんに、最後に写真でご協力いただいた藤塚光政さん、白鳥美雄さん、小川隆之（小川和加子）さんに深く感謝いたします。

二〇一五年皐月　　鈴木紀慶

著者略歴

鈴木紀慶《すずきのりよし》

編集者、建築・デザインジャーナリスト、物件評論家。1956年神奈川県生まれ。1980年武蔵野美術大学建築学科卒業。『インテリア（JAPAN INTERIOR DESIGN）』、『icon』編集部を経てフリー。2000年スズキeワークス設立。2014年前年に発行された3冊の本の仕事で武蔵野美術大学建築学科芦原義信賞受賞。編著に『倉俣史朗　着想のかたち――4人のクリエイターが語る。』（平野啓一郎、伊東豊雄、小池一子、深澤直人／六耀社）、1971→1991　倉俣史朗を読む』（鹿島出版会）、共著に『日本インテリアデザイン史』（監修・内田繁、鈴木紀慶・今村創平／オーム社）著書に『スズキ不動産――デザイナーズマンション情報』（Vol.1, Vol.2／ギャップ出版）、『24の家』（小学館）、『20世紀建築ガイド』（美術出版社）、『建築家（中村好文）と建てた「小さな家」』『66人の建築家がつくった「たったひとつの家」』（ともに世界文化社）、『日本の住文化再考――鷗外・漱石が暮らした借家からデザイナーズマンションまで』（鹿島出版会）など。

カバーデザイン：鈴木萌乃
本文DTPレイアウト：スズキeワークス
印刷・製本：三美印刷

インテリアデザインが生《う》まれたとき

六〇年代のアートとデザインの衝突《しょうとつ》のなかで

発行：二〇一五年六月二〇日　第一刷発行

編著者：鈴木紀慶《すずきのりよし》
発行者：坪内文生
発行所：鹿島出版会
〒一〇四-〇〇二八
東京都中央区八重洲二丁目五番一四号
電話：〇三-六二〇二-五二〇〇
振替：〇〇一六〇-二-一八〇八八三

Printed in Japan
ISBN：978-4-306-04623-8　C3052

本書の内容に関するご意見・ご感想は左記までお寄せください。
URL：http://www.kajima-publishing.co.jp
E-mail：info@kajima-publishing.co.jp